Das echte Leipziger Kochbuch

Leipzigs Traditionsrestaurant Auerbachs Keller

Das echte Leipziger Kochbuch

*Sächsische Spezialitäten
aus Leipzig und Umgebung
von Lesern der*

LEIPZIGER VOLKSZEITUNG
GEGRÜNDET 1894

Illustrationen von Christiane Knorr

THOM VERLAG LEIPZIG

Die Deutsche Bibliothek - CIP-Einheitsaufnahme

Das **echte Leipziger Kochbuch** : sächsische Spezialitäten aus Leipzig und Umgebung / Ill. von Christiane Knorr. - 1. Aufl. - Leipzig : Thom, 1996
ISBN 3-930383-26-8
NE: Knorr, Christiane (Ill.)

Ein Gemeinschaftsprojekt der Leipziger Volkszeitung mit dem Thom Verlag Leipzig

ISBN 3-930383-26-8

1. Auflage 1996
© 1996 THOM VERLAG LEIPZIG GmbH
Alle Rechte vorbehalten
Einbandgestaltung: Leipziger Volkszeitung
Satz und Innengestaltung: Claudia Bulka
Illustrationen: Christiane Knorr
Druck und Binden: Druckerei zu Altenburg GmbH
Printed in Germany

INHALT

- **6** Vorwort
- **8** Kleine Happen
- **17** Salate
- **30** Suppen & Eintöpfe
- **42** Fleischgerichte
- **62** Fischgerichte
- **70** Gemüse- und Kartoffelgerichte
- **89** Kuchen & Süße Speisen
- **108** Rezeptverzeichnis

Liebe Leserinnen und Leser,

in einen Topf werfen kann man sie nicht, die Leipziger – dazu ist die Handels- und Messestadt und ihre nähere Umgebung zu vielfältig.

Besonders geprägt wurde die Leipziger Küche durch die Einflüsse der unzähligen Kauf- und Handelsleute sowie der zahlreichen Messebesucher und deren anhängigen internationalen Koch- und Verzehrsgewohnheiten. Diese über mehrere Jahrhunderte währenden Einflüsse trafen auf die Gewohnheiten des in Leipzig ansässigen Bürgertums, den Besitzern der großen Messehäuser und Passagen, und natürlich auf die Küche der einfachen Menschen in der Kernstadt sowie den vielen Vororten des angrenzenden Landes. Dies bildet die eigentliche Grundessenz. Dabei ist und bleibt das Schauen in die Töpfe der „kleinen Leute" mit ihren Gerichten, die mit soviel Liebe und Achtung zum ‚Lebensmittel' zubereitet werden, die Grundlage unserer heimischen Küche.

Leipzig kulinarisch ist ein Allerlei – und dies nicht nur auf das wohl bekannteste Gemüsegericht bezogen. Die sehr unterschiedliche Herkunft begründet den weitgespannten Bogen der „Leipziger Küche".

Somit war es auch für die Jury nicht einfach, unter den vielen eingesandten Rezepten die etwa 100 in diesem Buch veröffentlichen auszuwählen und zu einem Leipziger Allerlei zusammenzustellen. Aber allen Juroren hat es große Freude bereitet, an der Auswahl zu diesem Werk mitarbeiten zu können, welches auf Initiative der **Leipziger Volkszeitung** entstand und getragen wird von den Leserinnen und Lesern unserer Region.

Mag vielleicht dieser oder jener Einsender eines Rezeptes ein wenig vergrämt sein, weil gerade seines keine Berücksichtigung in diesem Büchlein gefunden hat, so bitte ich Sie doch, Ihr „Leibgericht" zu behüten und vielleicht beim nächsten Mal wieder einzureichen. Geben Sie es auf jeden Fall an

Ihre Kinder und Kindeskinder weiter, auf daß unsere heimische Küche stets erhalten bleiben möge.

Ich glaube mit Recht daran, daß der Fortschritt in Wissenschaft und Technik, Kommunikation und Lebensweise alles Dagewesene in den Schatten stellt, aber auch Sie können mit der Pflege dieser kulinarischen Schätze dazu beitragen, daß dadurch die bodenständige Küche, ein großes Stück sächsischer Kultur, niemals ins Abseits oder gar in Vergessenheit gerät.

Fangen Sie nun an zu lesen, freuen Sie sich wie wir über die Vielfalt der Leipziger Küche, lassen Sie sich inspirieren, nachzukochen und auszuprobieren.
Ich wünsche Ihnen gutes Gelingen und Guten Appetit.

Ihr Ulrich Reinhardt
Wirt in Auerbachs Keller

In der Jury wirkten außerdem mit:

Ines Lehne
(Dozentin im Europäischen Bildungswerk)

Bernd Radestock
(Geschäftsführer der Leipziger Verlags- und Druckereigesellschaft mbH & Co. KG)

Günter Petzold
(1. Vorsitzender des Internationalen Kochkunstvereins zu Leipzig 1884 e.V.)

Kleine Happen

Soleier

für Partys geeignet, wurde früher in Leipzigs Kneipen angeboten

Zutaten *12 Eier*
1 ungeschälte Zwiebel
2 kleine Zwiebeln
150 g Salz
2 Lorbeerblätter
10 Gewürzkörner
3 Wacholderbeeren
1 TL gehackter Kümmel
10 - 15 g Dilldolden oder 1 Zweig Thymian

Das Wasser mit Salz, den Gewürzen (Gewürzkörner und Wacholderbeeren zerdrücken, damit das Aroma sich voll entfaltet) und der grob geschnittenen kleinen Zwiebeln aufkochen, 5 Minuten durchkochen und erkalten lassen.

Die Eier zusammen mit einer gewaschenen, ungeschälten Zwiebel (dadurch werden sie bräunlich getönt) 10 Minuten hart kochen, kalt abspülen, die Schalen leicht anknicken (damit die Sole gut einwirken kann), in ein großes Einweckglas schichten, mit der abgekühlten Sole übergießen und etwa 2 Tage durchziehen lassen.
Mit Senf, Salz und Pfeffer oder auch Essig und Öl zu Butterbrot servieren.

Veronika Uhlitzsch, Leipzig-Stötteritz

Sächsisches Zwiebelbemmchen

für 4 Personen

Zutaten *4 Scheiben Bauernbrot*
150 g Katenschinken
80 g Speck
80 g Zwiebeln
2 Stangen Porree
2 Knoblauchzehen
100 g geriebener Edamer Käse
Salz, weißer Pfeffer
Petersilie, Schnittlauch und 1 Blättchen Liebstöckel

Speck in kleiner Würfel schneiden und in der Pfanne auslassen. Gehackte Zwiebeln und fein gehackten Knoblauch anschwitzen, Porreestreifen dazugeben.

Scheibe Bauernbrot mit dünnen Scheiben Katenschinken belegen, darauf die warme Zwiebelmasse geben, darüber geriebenen Käse streuen und im Backofen oder Grill überbacken. Vor dem Servieren mit gehackten Kräutern bestreuen.

Reinhard Seydel, „Thüringer Hof" Leipzig

Gefüllte Gemüsebemme

Zutaten *Schwarzbrot*
Kartoffeln
gekochten Schinken in Scheiben
Gemüse (Erbsen, Möhren oder Kohlrabi)
Zwiebeln
1 Ei
Pfeffer, Salz
Kümmel, frische Kräuter

Eine geröstete Schwarzbrotscheibe mit einer Scheibe gekochten Schinken umlegen. Die Kartoffeln grob reiben und mit Pfeffer, Salz, Kümmel und Zwiebelwürfeln würzen und mit einem Ei versetzen. Die umlegten Brotscheiben mit der Kartoffelmassen umhüllen und beidseitig knusprig anbraten. Darüber in Butter gedünstetes Gemüse (Erbsen, Möhren oder Kohlrabi) und frische Kräuter geben.

Henry Otto, Liebertwolkwitz

Pikantes Brot

für zwei Brote, vier Varianten möglich

Zutaten für den Teig
1 kg Mehl
60 g Hefe
375 ml Milch
75 g Margarine
1 Prise Zucker
2 Eier
2 TL Salz

als Zutaten:
je 1 Bund Petersilie und Schnittlauch und Gewürze
oder
in Milch eingeweichte getrocknete Zwiebel und Gewürze
oder
Rosinen, Zucker, Mandeln (süße Variante)
oder
75 g Schinken, 75 g Schnittkäse, Cayennepfeffer, Rosenpaprika, $^1/_2$ TL Koriander, Kümmel, Muskat

Hefeteig nach gewöhnlichem Rezept ansetzen und 20 Minuten gehen lassen. Die Masse halbieren, die entsprechenden Zutaten hinzugeben, gehen lassen. Anschließend beide Laibe bei 180° 50 Minuten lang backen.

Dorothea Wagner, Leipzig-Grünau

Lachsherings-Häckerle

Zutaten *750 g Lachsheringe*
4 - 6 mittelgroße Zwiebeln
Kümmel (nach Belieben)

Lachsheringe häuten und entgräten, Zwiebeln schälen. Die Lachsheringsfilets zusammen mit den Zwiebeln durch den Fleischwolf drehen, danach verrühren und mit reichlich Kümmel gut abschmecken.
Dazu reicht man dunkles Brot, Toastbrot oder Brötchen.

Barbara Türke, Leipzig-Gohlis

Käserolle

für festliche kalte Platten

Zutaten *300 - 400 g Edamer Käse*
1 Ecke Emmentaler Streichkäse
150 g Bierschinken
70 g Butter
1 Zwiebel
1 hartgekochtes Ei
1 Gurke
1 Paprikaschote
Pfeffer, Salz, Kräuter

Der Edamer Käse im Wasserbad erwärmen, bis er flüssig wird, dann auf einer Folie ausrollen. Bierschinken, Paprika, Zwiebel, Ei und Gurke in kleine Würfel schneiden. Butter und Emmentaler Streichkäse schaumig schlagen, die gewürfelten Zutaten untergeben. Nach Geschmack mit Kräutern und Gewürzen abschmecken und über den ausgerollten Käse verteilen. Das Ganze vorsichtig rollen, dabei die Folie wieder abziehen und den Laib über Nacht kalt stellen.
Am nächsten Tag ist die Rolle schnittfest.

Elke Schmidt, Grimma

Schinkenspeise

für 4 Personen

Zutaten *Mehl*
5 Eier
200 g Schinken
4 EL sauren Sahne
1 Tasse Milch
1 EL Parmesan Käse
Salz, Muskat
Schnittlauch

Aus dem Mehl und 2 Eiern einen Nudelteig fertigen, ausrollen, mit dem Rädchen in kleine viereckige Stücke schneiden, in Salzwasser abkochen und abtropfen lassen.
Schinken klein schneiden, mit Eiern, Sahne, Milch, Schnittlauch, etwas Salz und Muskat verrühren. Anschließend mit den Nudeln in eine Auflaufform geben, mit Parmesan bestreuen und in der Röhre gelb backen.

Dorothea Wagner, Leipzig-Grünau

Sülze

Zutaten 2 Pfund Schweinefleisch
4 Kälberfüße
Salz
¾ l Essig
5 - 6 Kapern
1 Pfund Kalbfleisch
Wurzelwerk
3 l Wasser
Pfeffergurke

Fleisch vorbereiten, Kalbfüße mit kaltem Wasser ansetzen, wenn es kocht, Kalb- und Schweinefleisch, Zwiebel und Gewürzdosis dazugeben, langsam 2 Std. kochen lassen, dann alles Fleisch herausnehmen, erkalten lassen, in gleichmäßige Würfel schneiden, Brühe durchgießen, entfetten, Fleisch, Gurke und Kapern hineintun, alles gut abschmecken und durchziehen lassen. Sülze in ausgespülten Schüsseln oder Formen steif werden lassen, stürzen.

Ingeborg Kuhne, Eilenburg

Deftiger Krautsalat

für 4 - 6 Personen

Zutaten *1 kleines Weißkraut*
1 - 1/2 grüne Gurke
3 - 4 Tomaten
1 EL Öl
1 EL Essig
1 kleine Zwiebel
1 Prise Zucker
1 gestrichenen TL Salz
Pfeffer
nach Belieben Dill, Schnittlauch oder Bohnenkraut

Weißkraut klein schneiden, mit der Hand und dem Salz das Kraut geschmeidig drücken. Tomaten klein schneiden – Gurke würfeln, Zwiebel klein hacken – alles zum Kraut geben. Mit Öl, Pfeffer, Zucker und Kräutern abschmecken. Vor dem Verzehr $1/2$ bis 1 Stunde ziehen lassen.

Margot Thiere, Leipzig-Mockau

Feldsalat mit weißen Nüssen

Zutaten *Feldsalat*
1 kleine Zwiebel
Walnüsse
Apfelspalten
Zucker
Essig
Öl
Pfeffer und Salz
Früchtetee

Feldsalat putzen, waschen und trockenschleudern. Für die Salatsauce Essig, Öl, Pfeffer, Salz und die kleine feingehackte Zwiebel in einer Salatschüssel verrühren. Eine Handvoll Walnüsse kurz überbrühen, die Haut entfernen und in kleine Stücke brechen. In den Feldsalat mischen. Die Apfelspalten gezuckert in einem Früchtetee je nach Geschmack dünsten.

Evelyn Richter, Leipzig-Grünau

Löwenzahnsalat

Zutaten *ganz zarte Löwenzahnblätter*
3 - 4 EL Olivenöl
2 EL frischen Zitronensaft
Pfeffer, Salz
2 EL Rahm
1 kleine feingehackte Zwiebel
gehackte Kräuter wie: Dill, Pfefferminze, Petersilie und Schnittlauch

Die Löwenzahnblätter fein schneiden und 1 Stunde in kaltes Wasser (mit Eiswürfeln) legen, dann auf ein Sieb zum Abtropfen geben und mit Salatsauce anmachen. Man kann auch junge, frische Brennessel im Verhältnis $1/3$ untermischen oder diese als Garnitur verwenden.

Für die Salatsauce zuerst Öl, Zitronensaft, Zwiebel, Pfeffer und Salz gut verrühren, dann Rahm und Kräuter darunter geben.

Bernd Kretzschmar, Leipzig-Schönau

Bunter Salat

für 4 Personen

Zutaten 1 Kopfsalat
3 halbe Paprika (jeweils grün, gelb und rot)
3 große, feste Tomaten
$^1/_2$ kleine Salatgurke
4 Radieschen
1 - 2 Möhren
100 g Schafskäse
4 EL Sonnenblumenöl
1 TL Salz
1 TL Zucker

Das Gemüse waschen, den Salatkopf auseinander nehmen, die Blätter in kleine Stücke teilen, den Paprika in Längsrichtung in dünne Scheiben, Radieschen, Gurke und Möhren in Scheiben schneiden, Tomate klein schneiden und alles in eine große Schüssel geben. Salz und Zucker untermischen, danach das Öl zugegeben und alles gut verrühren. Zum Schluß den Schafskäse würfeln und in den Salat geben, mit Salz, Zucker und Öl abschmecken.

> Jörg Reichenbach, Dölzig

Salat von Sachsens Elbwiesen

mit Kaninchen, Flußkrebsen, Wachtelbrust, Forellen, weißem Tomatenmousse und Pfifferlingen
für 4 Personen

Zutaten *4 Portionen Salatgarnitur*
80 g frisch ausgebrochene Flußkrebse
4 Flußkrebsnasen
80 g Kaninchenrückenfilet
120 g Wachtelfleisch
120 g Forellenfilet
200 g weißes Tomatenmousse
80 g frische Pfifferlinge
40 g Schalottenwürfel
als Dressing Tomatenvinaigrette 1 dl

Vorbereitung: die verschiedenen Blattsalate putzen, waschen und abtropfen, alle anderen Zutaten bereitstellen, das Tomatenmousse und die Tomatenvinaigrette nach den folgenden Rezepten herstellen.

Zubereitung: die Wachtelbrust, das Kaninchen und die Forelle würzen und braten, die Pfifferlinge und Schalotten anschwitzen, die Flußkrebse temperieren.

Anrichten: das Salatbouquette in die Tellermitte setzen, die einzelnen Teile daran legen, mit Jus angießen und mit Kräutern garnieren.

Tomatenmousse

Zutaten *400 g Tomatenfleisch*
10 g frische Kräuter
$1/2$ Knoblauchzehe
6 g Salz
8 g Zucker

200 g Creme fraiche (40% Fett) oder auch Joghurt
160 g Sahne (30% Fett)
4 Blatt Gelatine
Cayennepfeffer

Vorbereitung: die Tomaten waschen, mit dem Mixer pürieren, auf ein Papiertuch geben und abtropfen lassen, Tomatensaft auffangen. Dann die Gelatine einweichen und die Sahne steif schlagen.

Zubereitung: den Tomatensaft mit den Kräutern und dem Knoblauch fast bis zum Sirup einkochen, durch ein feines Sieb passieren und die Gelatine darin auflösen. Dies unter die Creme fraiche geben, die Sahne darunter arbeiten und die Mousse mit Salz, Cayennepfeffer und Zucker abschmecken. Dann in eine flache Form streichen und 6 Stunden durchkühlen lassen.

Tomatenvinaigrette

Zutaten *0,12 l Tomatenconsomme*
4 cl Balsamico-Essig 12 Jahre
240 cl Olivenöl kaltgepreßt
80 g Tomaten concasse (abgezogene, entkernte Tomaten)
20 g Kräuter frisch gemischt

Die Tomaten concasse würfeln, die Kräuter hacken. Dann die Tomatenconsomme mit dem Balsamico-Essig verrühren, mit dem Olivenöl zu einer Emulsion verarbeiten, die Tomaten concasse und die Kräuter hinzugeben.

Eignet sich auch zu Gemüse- und Pilzterrinen, zu gekochten kalten Gemüsen (Spargel, Artischockenböden) oder als Marinade zu pochierten lauwarmen Fischstücken bzw. zu Fischsalat.

Hans-Günter Harms, Restaurant „Brühl", Hotel Inter*Continental Leipzig

Porreesalat mit Ei

für Diabetiker geeignet, Zutaten für eine Person

Zutaten *1 hartgekochtes Ei*
100 g geschälte, entkernte Äpfel
200 g geputzter Porree
70 g Mais (aus der Dose)
1 EL Kräuteressig
1 TL Öl
1 TL Senf
Curry
Pfeffer und Salz

Eine Marinade herstellen: Essig, Pfeffer, Senf, Curry verrühren, das Öl unterschlagen. Apfelstücke würfeln und unter die Marinade geben.
Porree waschen und in kleine Ringe schneiden, in kochendem Salzwasser ca. 1 Minute blanchieren, mit dem Schaumlöffel herausnehmen, in kaltes Wasser geben, abkühlen und dann abtropfen lassen. Den Mais abtropfen lassen.
Beides mit der Marinade gut vermengen, das geschälte Ei als Garnitur auf den Salat legen, eventuell den Salat mit Curry bestäuben.

Monika Hensch, Leipzig-Knauthain

Porreesalat

als Beilage

Zutaten *1 Stange Porree*
1 geschälten, entkernten Apfel
etwas Zitronensaft
Salatmayonnaise

Den weißen Porree klein schneiden, den Apfel grob raspeln und beifügen, Salatmayonnaise und Zitronensaft unterheben, alles gut durchmischen. Den Salat etwas ziehen lassen.

Jürgen Lange, Leipzig-Mitte

Herzhafter Kopfsalat

als Beilage zu fast allen Gerichten

Zutaten *1 Staude Kopfsalat*
1 Zwiebel
Speck
Salz
Zitronensaft

Den Salat waschen, die Salatblätter und die gelben Herzblätter zerkleinern und in eine große Schüssel geben. Die klein geschnittene Zwiebel beifügen und den Salat mit Zitronensaft und Salz abschmecken.
Etwas Speck in der Pfanne auslassen und zuletzt auf die Salatblätter gießen - er gibt dem Salat die Geschmeidigkeit. Alles mit Salatbesteck gut durchmischen.

Jürgen Lange, Leipzig-Mitte

Kartoffelsalat mit Rotwein

Zutaten *Kartoffeln*
6 EL Öl
6 EL Rotwein
4 EL Essig
1 - 2 Schalotten
Pfeffer, Salz
Brunnenkresse oder Rote Rüben oder Radieschen

Kartoffeln kochen, schälen, klein schneiden, mit kochendem Wasser oder Fleischbrühe übergießen, dann zudecken. Danach die Sauce bereiten: Öl, Essig, Rotwein, fein gehackte Schalotten, Pfeffer und Salz verrühren. Dann die Salatsauce über die Kartoffeln gießen, diese vorsichtig schwenken. Zuletzt mit Brunnenkresse, Radieschen oder roten Rüben nach Wahl garnieren.

Hubert Kugler, Kitzscher

Frankenheimer Eiersalat

Zutaten *10 - 12 frische Landeier*
1 mittelgroße Zwiebel
2 TL kleine Kapern
150 g Salami
2 - 3 Gewürzgurken
¼ grüne Gurke
1 Becher Mayonnaise (125 ml)
5 - 6 EL Milch
Pfeffer, Salz
roter Paprika

Die Eier kochen (aber nicht zu hart) abkühlen lassen, schälen und in kleine Stücke schneiden. Die Zwiebel, die Salami, die Gewürzgurken und die Salatgurke klein würfeln.

Eine Salatsauce herstellen: Die Mayonnaise mit der Milch verrühren und mit Pfeffer, Salz und einer Prise Paprika würzen.

Salatsauce und Zutaten gut mischen, den Salat kühl stellen und mit Schwarzbrot oder Weißbrot reichen.

Isolde Günther, Frankenheim

Oma Linas Fleischsalat

Zutaten 1 Pfund Jagdwurst
1 Pfund Herz
1 Pfund Kalbfleisch
1 Pfund Kuheuter (oder nicht zu stark gewürzte
Fleischwurst, z. B. Bierschinken)
1 Glas saure Gurken
2 große Zwiebeln
3 Gläser (je $^1/_4$ l) saure Sahne
Pfeffer, Salz, Pfefferkörner
Suppengrün
Wacholderbeeren
Kapern

Das Herz 1 - 2 Stunden mit Suppengrün und Gewürzen, das Kalbfleisch 1 - 2 Stunden mit Pfefferkörner und das Kuheuter 3 - 4 Stunden mit Wacholderbeeren kochen.
Alles in feine Streifen schneiden in der sauren Sahne mit den Kapern einlegen.

Karin Krauß, Markkleeberg-Zöbigker

Heringssalat

Zutaten 10 Gewichtsanteile Heringsfilet
6 Gewichtsanteile Apfel
3 Gewichtsanteile Gewürzgurke
3 Gewichtsanteile Zwiebel
3 Gewichtsanteile Mayonnaise
Zucker

Heringsfilet in kleine Stücke schneiden, Äpfel schälen und grob raspeln, Gewürzgurke und Zwiebel in kleine Würfel schneiden. Alles mit der Mayonnaise gut vermengen und mit Zucker abschmecken. Einige Stunden ziehen lassen. Für den Geschmack ist das Einhalten der Mengenanteile wichtig!

Rolf Geyer, Leipzig-Lößnig

Kartoffelsuppe mit Selleriekraut

Zutaten *1 kg Kartoffeln
1 Stück Sellerieknolle
1 Kohlrabi
2 Möhren
1 Zwiebel
1 EL Margarine
1 EL Fett
Pfeffer, Salz, Paprika
250 g Jagd- oder Bockwurst
geschnittenes Selleriekraut*

Gemüse und Kartoffeln waschen, putzen bzw. schälen und in kleine Stücke schneiden, Wurst würfeln. Gemüse mit reichlich Wasser halb gar kochen, Kartoffelstücke dazugeben, alles weich kochen und durch ein Sieb pressen. Das Wasser auffangen.
Die Wurstwürfel in Margarine und Fett durchschwitzen und zu dem Kartoffel-Gemüse-Gemisch geben, zuletzt mit Salz, Pfeffer, Paprika und reichlich frischem Selleriekraut abschmecken.
Vor dem Servieren durchziehen lassen.

Brundhilde Goth, Lindenthal

Leipziger Bärlauchsuppe

Zutaten *40 g Butter*
40 g Mehl
1 kleine Zwiebel
1¼ l kräftige Brühe
weißer Pfeffer, Salz
1 Eigelb
2 EL Rahm
frischer Bärlauch (Menge nach Belieben)

Aus 30 g Butter, Mehl und klein geschnittener Zwiebel eine Mehlschwitze bereiten, die heiße Brühe langsam dazugießen, die Suppe 20 Minuten köcheln lassen.
Dann die Suppe durch ein feines Sieb rühren, mit Salz und Pfeffer abschmecken. Das Eigelb mit 1 EL kaltem Wasser und dem Rahm verrühren und dazugeben. Die Suppe mit 10 g Butter und zarten, frischen Bärlauchblättern verfeinern und ca. 5 Minuten ziehen lassen.
Man kann geröstete Weißbrotwürfel dazu reichen.

Bernd Kretzschmar, Leipzig-Schönau

Karotten-Süppchen nach feiner Art des Herrn Apel

für 4 Personen

Zutaten
400 g geschälte Karotten
50 g Butter
¼ l Schlagsahne (30%)
50 g Weizenmehl
250g lieblicher Weißwein
2 süße Orangen
weißer Pfeffer, Salz
Zucker, Zimt

Die geschälten, geraspelten Karotten in der Butter schmelzen lassen, mit dem Weizenmehl anstäuben. Die Schlagsahne zugeben und köcheln lassen. Mit dem Saft und Filets der Orangen verfeinern – 15 Minuten ziehen lassen und danach mit dem Pürierstab alles zerkleinern.
Mit Weißwein und den Gewürzen nach Geschmack abrunden.
Zum Servieren mit geraspelten Möhren, Blutorangenfilets und einem Sahnetupfer garnieren.

Rudolf Müller, Restaurant „Apels Garten" Leipzig

Kürbissuppe mit Bröselklößchen

Zutaten für die Suppe:
1 - 1 1/2 Pfund Kürbis
1/4 l Apfelwein
Saft von 1/2 Zitrone
Zimtrinde
1 Nelke
Mehl
Butter
Milch
Pfeffer, Salz, Paprika edelsüß

für die Bröselklößchen:
1 Ei
1 EL gewiegte Petersilie
2 eingeweichte Semmeln
1 Prise Salz

Suppe: Kürbis schälen, vom Weichen säubern, würfeln, mit dem Apfelwein, Zimtrinde, Zitronensaft und der Nelke kochen, zu Mus verarbeiten.
Aus Butter und Mehl eine Schwitze herstellen, diese mit etwas Milch löschen, dann zum Kürbismus geben. Die Suppe mit etwas Wasser auffüllen, mit Pfeffer, Salz und Paprika würzen und ca. 15 Minuten kochen.

Bröselklößchen: Einen Teig aus Ei, eingeweichten Semmeln, Petersilie und einer Prise Salz kneten, kleine Klößchen formen und diese in Salzwasser oder auch in der Suppe garen.

Traudel Schiemichen, Leipzig-Stötteritz

Leipziger Piepen (saure Flecke)

für 4 Personen

Zutaten *500 g gebrühter Rinderpansen*
1 Bund Wurzelwerk
1 Zwiebel
150 g Möhrenscheiben
300 g Kartoffelwürfel
150 g Gewürzgurkenscheiben
1 Bund Petersilie
Pfeffer, Salz
Lorbeer, Essig, Zucker

Den gebrühten Pansen kalt waschen, in kleine Vierecke schneiden und mit kaltem Wasser ansetzen. Während des Kochens abschäumen und anschließend etwas Salz, Lorbeerblatt, Wurzelwerk und die Zwiebel hinzufügen. Das Ganze langsam weichkochen. Danach die Zwiebel und das Wurzelwerk entfernen, alles durch ein Sieb gießen. In der verbleibenden Brühe (ca. 1 l) die Kartoffelscheiben und die Möhrenscheiben bißfest kochen. Anschließend die Pansenstücke und die Gewürzgurkenscheiben zugeben und die Suppe nochmals gut durchkochen. Zum Schluß alles mit Pfeffer, Salz, Essig und Zucker pikant würzen und vor dem Anrichten die gehackte Petersilie hinzufügen.

Bernd Weber, Leipzig-Connewitz

Wickelnudeln in Gemüsebrühe

Zutaten für die Nudeln:
360 - 400 g Mehl
3 Eier
Essig

für die Brühe:
Fleisch
Gemüse (z.B. Spargel)
Kräuter

Brühe: Eine Gemüsebrühe mit Fleischstücken nach gewohntem Rezept herstellen und köcheln lassen.

Nudeln: Auf jedes Ei eine halbe Schale Wasser in einer Schüssel gut verschlagen, einen Tropfen Essig, dann Mehl hinzugeben und den Teig solange verkneten, bis er beim Durchschneiden kleine Löchlein hat. Den Teig halbieren und dünn ausrollen. Butter und Semmeln anbräunen, abkühlen lassen und über den Teig streichen. Den Teig wickeln und schneiden, dabei mit einem Holzstäbchen festhalten. Die Nudeln in die Brühe geben und fertig garen, zum Schluß die frischen Kräuter hinzufügen.

Dorothea Wagner, Leipzig-Grünau

Sauerkrautsuppe

für 6 - 8 Personen

Zutaten *300 g Sauerkraut*
100 g Möhren
100 g Zwiebel
150 g Kaßlerkamm ohne Knochen
40 g Butter
100 g Kartoffeln
1 Bd. Schnittlauch
1 Brötchen
Butter
Kümmel, Zucker, Salz, Lorbeerblatt
Pimentkörner, Wacholderbeeren

Kaßlerstreifen und Zwiebelwürfel in Butter anschwitzen. Sauerkraut etwas schneiden und mit in den Topf geben, mit Kaßlerbrühe auffangen. Als Farbkontrast und geschmackliche Verbesserung Möhrenstreifen mitkochen.
Mit Kümmel, Zucker, Salz. Lorbeerblatt, zerdrückten Pimentkörnern und Wacholderbeeren würzen. Das Ganze bis zum Garpunkt bringen und mit geriebenen rohen Kartoffeln etwas binden.
Vor dem Servieren mit Schnittlauch und Croutons bestreuen.

Reinhard Seydel, Restaurant „Thüringer Hof" Leipzig

Feierwehrspalken

Möhreneintopf

Zutaten $1/2$ *Pfund Rindfleisch*
$1 1/2$ *Pfund Möhren*
1 kg Kartoffeln
1 l Fleischbrühe
1 Tomate
Pfeffer, Salz, Fleischwürze
1 TL getrocknetes Pfefferkraut
1 Bund frische Petersilie

Das Fleisch klopfen, schnell und sorgfältig in kaltem Wasser waschen, in einen Fleischtopf legen. Mit ca. $1/2$ l kalten Wasser aufsetzen, mit Salz und Fleischwürze würzen, später ca. 1 l kochendes Wasser nachgießen, so daß ca. $1 1/2$ l Brühe entstehen.

Die Möhren putzen und in kleine Würfel schneiden, mit der Fleischbrühe ansetzen, das kleingeschnittene Rindfleisch, die Tomate und das Pfefferkraut hinzugeben, alles weichkochen. Gleichzeitig kocht man die Kartoffeln in Salzwasser gar, gießt sie ab und gibt sie in den Eintopf, den man noch etwas köcheln läßt. Zuletzt mit der gewiegten Petersilie verfeinern.

Ulrike Müller, Leipzig-Grünau

Buttermilch-Dillsuppe

Zutaten 1 l Buttermilch
2 Eigelb
Butter
2 EL Mehl
1 Bund Dill
Salz, Zucker
Apfelessig

Buttermilch abkochen. Gleichzeitig Eigelb, etwas Butter, Mehl und etwas Buttermilch verrühren und dann vorsichtig mit der kochenden Buttermilch verdünnen. Das Gemisch unter laufendem Rühren kochen, dann eine Handvoll jungen, klein geschnittenen Dill, etwas Salz, einer Prise Zucker und Apfelessig hineingeben, alles kurz aufkochen und zuletzt die Suppe mit Brötchen- oder Brotwürfeln servieren.

Hilde Jäger, Leipzig-Grünau

Holunderbeersuppe mit Eischneehäubchen

für 4 Personen

Zutaten $^1/_2$ *l Holunderbeersaft*
$^1/_4$ *l Rot- oder Weißwein*
2 Äpfel
20 g Stärkepulver
Zimtstange
Nelken
Zucker
2 Eiweiß

Etwas Wasser und Wein mit Zucker, Nelken und Zimtstange aufkochen. Die geschälten, entkernten und kleingeschnittenen Äpfel hineinlegen, den Holunderbeersaft hinzufügen und alles etwa 5 Minuten ziehen lassen. Nelken und Zimtstange herausnehmen. Die Stärke mit etwas Wein einrühren, die Suppe damit andicken und mit Zucker abschmecken. Eiweiß und Zucker zu Eischnee steifschlagen. Mit einem Teelöffel kleine Klößchen abstechen und diese im Backofen je nach Größe 15 - 20 Minuten bei leichter Hitze backen, bis die Klößchen innen trocken werden. Die Suppe in vorgewärmten Tellern mit den Eischneeklößchen garniert servieren.

Kurt Hensch, Leipzig-Knauthain

Sächsische Fliederbeerensuppe

für 4 Personen

Zutaten *400 g verlesene Holunderbeeren*
8 Pflaumen
2 Kochbirnen
6 dl Wasser
4 - 5 EL Zucker
Zitronenschale
1 Tasse Milch
Salz
25 g Soßenbinder
3 Eiweiße

Birnen schälen, entkernen, klein schneiden. Die gewaschenen Holunderbeeren mit den Birnenstücken in Wasser, Zucker, einer Prise Salz und Zitronenschale völlig weich kochen und durch ein Sieb streichen. Wieder aufs Feuer setzen, Milch und Soßenbinder verrühren und damit die Suppe andicken.

Das Eiweiß steif schlagen, auf die Suppe setzen, den Topf zudecken und 5 Minuten garen lassen, dann servieren.

Walpurga Bratus, Leipzig-Anger-Crottendorf

Preiselbeerfleisch mit Speckkartoffeln

Zutaten 600 g Gulasch- oder Rouladenfleisch
4 EL Öl
6 Zwiebeln
1 EL Tomatenmark
4 EL Preiselbeeren (oder auch Preiselbeerkompott)
$^1/_4$ l Joghurt
1 EL Mehl
Pfeffer, Salz
Paprika edelsüß, Thymian

Das Rindfleisch in Stücke schneiden (pro Person zwei Stück) und mit Salz, Pfeffer, Paprika und etwas Thymian einreiben.
Die Zwiebel in Scheiben schneiden und in Öl goldgelb anschwitzen, das gewürzte Fleisch darauf legen und zugedeckt im eigenen Saft dünsten, dann das Tomatenmark dazugeben und noch soviel Wasser auffüllen, daß das Fleisch knapp bedeckt ist. Nun zugedeckt fertig garen lassen. Zum Schluß Preiselbeeren hineingeben und noch mal kurz aufkochen lassen, sofort vom Feuer nehmen und mit dem in Joghurt verquirlten Mehl binden.
Dazu Speckkartoffeln (siehe S. 84) und Krautsalat reichen.

Sieglinde Hartenberger, Leipzig-Großzschocher

Majoranwürzfleisch im Topf

Zutaten 500 g Rindfleisch für Gulasch
500 g Zwiebeln
500 g Wurzelwerk (d.h. Möhren, Sellerie, Kohlrabi)
2 Knoblauchzehen
200 g Graubrot (Roggenmischbrot)
Pfeffer, Salz
Majoran
gestoßenen Wacholder
Lorbeerblatt, Nelken, Kapern
Dillspitzen und frische Kräuter
Champignons

Rindfleisch in Würfel und Zwiebel in Scheiben schneiden, in einen Topf geben, mit Brühe knapp bedecken und aufkochen lassen. Dann abschäumen, das Wurzelwerk in groben Scheiben sowie Salz, Pfeffer, reichlich Majoran, Lorbeer, Nelken und Wacholder dazugeben: Alles fast zugedeckt ca. 1 Stunde köcheln lassen. Das Fleisch soll gar, aber nicht zu weich werden. Dann Kapern und nochmals Majoran zugeben, mit geriebenem Graubrot binden und noch ca. 5 Minuten leicht durchkochen lassen. Vor dem Servieren den Majoranwürzfleischtopf nochmals kräftig mit Pfeffer aus der Mühle abschmecken, Dillspitzen und gehackte, frische Kräuter darüber streuen. Die rohen, frischen Champignons kommen geschnitten obenauf.
Dazu reicht man Salzkartoffeln.

Bernd Kretzschmar, Leipzig-Schönau

Gebratene Kaninchenmedaillons mit Holunder-Birnen-Sauce mit gefüllten Kräuterkartoffeln

für 4 Personen

Zutaten *600g Kaninchenrückenfilet*
100 g reife, aber noch feste Holunderbeeren
1 große Birne
100 g Zwiebeln
60 g Butter
100 g flüssige Sahne (30%)
Zitronensaft
Pfeffer, Salz, Senf

Die Kaninchenrückenfilets häuten, in etwa 1 cm dicke Scheiben schneiden und klopfen, mit Salz, weißem Pfeffer, Zitronensaft und Senf marinieren, kühl stellen. Die Zwiebeln schälen und in Würfel schneiden. Die Birne schälen, entkernen und in Spalten schneiden. Die Holunderbeeren waschen und mit Zitronensaft marinieren. Die vorbereiteten Medaillons in einer Kasserolle mit Butter beidseitig kurz anbraten, in eine zweite Kasserolle geben und warmhalten. Den Bratenfond mit Zwiebelwürfeln und Holunderbeeren ca. 10 Minuten leicht köcheln lassen, mit Holundersaft ablöschen und mit der Sahne binden. Die Birnenspalten zugeben und am Herdrand stehen lassen.
Dazu reicht man Gemüse und gefüllte Kräuterkartoffeln (siehe S. 81).

Rudolf Müller, Restaurant „Apels Garten" Leipzig

Oma Elsas Kaninchenbraten

Zutaten *1 Kaninchen*
200 g Speck
4 - 5 große Zwiebeln
Kümmel
Wacholderbeeren
2 Scheiben Zitronen
saure Sahne
Pfeffer, Salz, Senf
1 Brotkanten
Margarine

Kaninchen zerlegen, waschen, trocken tupfen, mit Salz, Pfeffer und Senf von beiden Seiten einreiben. In der heißen Margarine von allen Seiten braun anbraten, dann Kümmel, zerdrückte Wacholderbeeren und Speckwürfel zugeben. Etwas Wasser auffüllen und einkochen lassen – den Vorgang mehrmals wiederholen, bis Fleisch, Zwiebeln und Speck braun sind.
Danach reichlich Wasser auffüllen, die Zitronenscheiben und Brotkanten beifügen und das Kaninchen ca. $1^{1}/_{2}$ Stunden schmoren lassen. Zum Schluß die Sauce durch ein Sieb gießen und mit saurer Sahne verfeinern.

Karin Hermann, Leipzig-Großzschocher

Schweinsrouladen oder Schwalbennester mit Halbseidenen Klößen

Zutaten *Rouladen (wie unten beschrieben)*
rohen Schinken
Speck
1 hartgekochtes Ei
Margarine
Pfeffer, Salz

für 12 Klöße
1,5 kg gekochte und gequetschte Kartoffeln
250 g Kartoffelmehl
1 Tasse heiße Milch
Salz, Muskat, geröstete Semmelwürfel

Die Rouladen müssen beim Fleischer besonders geschnitten werden: wie 2 Schnitzel, die aber an einer Längsseite nicht durchgeschnitten sein dürfen. Diese etwas klopfen, mit Pfeffer und Salz würzen. Das Fleisch mit dünnen Speckscheiben belegen, darauf den rohen Schinken, in die Mitte kommt das Ei. Das Ganze zu einer Roulade wickeln, diese mit Garn umwickeln. Die Rouladen in heißer Margarine anbraten, Wasser oder Fleischbrühe zugeben, weich schmoren lassen. Die Rouladen herausnehmen, aus dem Sud eine Sauce bereiten.

Die Rouladen vom Zwirn befreien und vorsichtig in Scheiben schneiden, die man auf Teller anrichtet. Die Ringe der Füllung müssen zu sehen sein.

Dazu reicht man Rotkraut und **halbseidene Klöße:**
Die Kartoffelmasse mit Semmelmehl gut durchmischen, die heiße Milch gut verteilt darüber geben und Klöße mit den Semmelwürfeln darin formen. In kochendem Wasser 10 Minuten ziehen lassen.

Veronika Uhlitzsch, Leipzig-Stötteritz

Schweinebauch in Biersauce

für 10 Personen

Zutaten 2,5 kg magerer Schweinebauch
$^1/_2$ l Wasser
2 Flaschen Schwarzbier (a 0,5 l)
ca. 100 g Brotrinde
1 mittelgroße Zwiebel
Wurzelwerk (Möhre, Sellerie, Lauch)
Lorbeerblatt
Gewürzkörner
Pfeffer, Salz, Zucker

Den Schweinebauch unter kaltem Wasser waschen. Das Wasser in einer Pfanne zum Kochen bringen, die Gewürze und das Wurzelwerk hinzufügen und nochmals aufkochen. Jetzt den Bauch hineinlegen. Im Rohr bei 140° schmoren lassen, bis die Flüssigkeit fast verdunstet ist, dann das Bier aufgießen und die Brotrinden einlegen. Nach Geschmack mit etwas Zucker und Salz abschmecken, fertig garen. Der Bauch darf nicht zu weich werden. Danach das Fleisch aus der Sauce nehmen und warm stellen, die Sauce durch ein Sieb passieren. Sie kann mit etwas Kartoffelstärke gebunden werden. Mit herzhaftem Sauerkohlsalat, Kartoffelknödeln oder Petersilienkartoffeln reichen.

Rainer Müller, Gasthaus am Neumarkt Zeitz

Gebratene Entenleber auf Kartoffelpuffer

für 4 Personen

Zutaten *für die Entenleber:*
480 g Entenleber
200 g Zwiebeln
200 g Champignons
80 g Butter
50 g Mehl
1 Bund Schnittlauch
Pfeffer, Salz

für die Kartoffelpuffermasse:
400 g geriebene Kartoffeln
1 geriebene Zwiebel
3 Eier
100 g Mehl
100 g Butter zum Braten
Salz

Entenleber: Die Zwiebeln in Streifen schneiden und mit den geschnittenen Champignons in Butter anschwitzen, mit Salz und Pfeffer würzen.
Die Entenleber waschen, trocknen, mehlieren und langsam in Butter braten, anschließend mit Salz und Pfeffer würzen.

Kartoffelpuffer: Die Puffer wie gewohnt herstellen, Zutaten siehe oben. Die Leber auf den goldgelben Puffern anrichten, die angeschwenkten Zwiebeln und Champignons darüber geben, mit Schnittlauch bestreuen und servieren.

Reinhard Seydel, Restaurant „Thüringer Hof" Leipzig

Sächsischer Sauerbraten

für 4 Personen

Zutaten 1 kg Rinderoberschale
20 g Speck in Streifen
1 Wurzelwerk
1 Flasche Malzbier
20 ml Öl zum Anbraten
Knoblauch
Pfeffer, Salz

für die Beize:
0,2 l Wasser
1 Lorbeerblatt
3 Pimentkörner
1 Gemüsezwiebel
0,1 l Kräuteressig
2 Nelken, Salz
1 Becher Saure Sahne (200 g)

Das Wasser aufkochen, den Kräuteressig mit Salz dazugeben, mit der geschälten Gemüsezwiebel sowie Lorbeerblatt, Piment und Nelken aufkochen, dann erkalten lassen. $^1/_2$ l Malzbier dazu gießen. Das Rindfleisch waschen, mit Küchenpapier trocken tupfen, mit den Speckscheiben spicken, das Fleisch in die Essig-Bier-Beize geben und 3 - 4 Tage im Kühlschrank marinieren lassen. In dieser Zeit 2 - 3 x wenden.
Öl in der Kasserolle erhitzen, das Fleisch aus der Beize nehmen und abtupfen. Mit Salz, Pfeffer und Knoblauch würzen und in heißem Öl ringsum kräftig anbraten, bis sich ein Bratensatz gebildet hat. Das Fleisch aus der Kasserolle nehmen, das vorbereitete geputzte Wurzelwerk in den Bratensatz geben und anrösten. Den Bratensatz mit etwas Essig-Bier-Beize ablöschen, reduzieren lassen und den Vorgang noch 2 x wiederholen. Den Braten in den heißen Fond geben und in der Backröhre bei 180° ca. 1 Stunde schmoren lassen. Etwas Schwarzbrotrinde hinzugeben, es bringt den

Geschmack und sämt die Soße mit an. Den mürben Braten aus dem Ofen nehmen und zur Seite stellen. Den heißen Fond durch ein Sieb streichen, nochmals aufkochen lassen und mit saurer Sahne binden.
Den Sauerbraten serviert man mit Klößen oder Knödel sowie Rosenkohl oder Apfelrotkohl.

Frank Meier, Leipzig-Paunsdorf

Sächsischer Schwärtelbraten

Zutaten *600 g Schweineschulter ohne Knochen mit Speckschicht*
50 g entkernte Pflaumen
20 g Tomatenmark
40 g grob geschnittene Zwiebeln
Pfeffer, Salz, Kümmel
20 g Saucenbinder oder Kartoffelstärke

Das Stück Schweineschulter oben quadratisch einschneiden, mit den Backpflaumen spicken und mit Pfeffer, Salz und Kümmel würzen. Dann in einem Brater mit Flüssigkeit ansetzen. Nach dem Verdampfen der Flüssigkeit tritt das Fett aus dem Braten. In dem Fett das Tomatenmark und die Zwiebeln anschwitzen, dann Brühe auffüllen. Mit dem Bratensatz während des Garvorgangs mehrmals den Braten übergießen, damit er knusprig wird. Man gart den Braten bei mittlerer Hitze ca. 60 - 70 Minuten. Dann den Braten herausnehmen, die Sauce binden, durch ein Sieb passieren und abschmecken.
Zum Schwärtelbraten ißt man Rotkraut und Kartoffelklöße.

Kurt Hensch, Leipzig-Knauthain

Leutzscher Kutschersteak

für 4 Personen

Zutaten *4 Schweinenackensteak*
100 g Schinkenspeck
1 mittelgroße Zwiebel
1 EL scharfer Senf
100 g Hartkäse
3 Eier
Pfeffer, Salz
Muskat, gemahlener Kümmel

Die Nackensteaks salzen, pfeffern und in Pfanne oder Grill garen. In der Zwischenzeit den Käse fein reiben und unter die aufgeschlagenen Eier quirlen. Mit etwas Salz, Pfeffer, Muskat oder gemahlenem Kümmel würzen.
Den Schinkenspeck und die Zwiebeln fein würfeln und in der Pfanne dünsten, bis alles glasig ist. Am Ende der Garzeit Senf untermischen.
Die Steaks in eine Auflaufform geben, die Zwiebel-Schinken-Mischung darauf verteilen. Anschließend mit der Eiermasse gleichmäßig bedecken und im vorgeheizten Ofen bei 200° ca. 15 Minuten überbacken, bis eine goldbraune Kruste entsteht.
Dazu reicht man Bratkartoffeln oder Krustenbrot und frischen Salat.

Dr. Thomas Schmertosch, Leipzig-Leutzsch

Petersilienhühnchen mit Semmelknödeln

Zutaten 1 Hähnchen
1 Lorbeerblatt
3 Pimentkörner
5 Pfefferkörner (schwarz)
Salz
80 - 100 g gehackte Petersilie
80 g Butter
ca. 80 g Mehl

für die Knödel:
8 - 10 Brötchen
1 - 2 Eier
gemahlene Muskatnuß
Salz

Das Hähnchen mit Lorbeerblatt, Pimentkörnern, Pfefferkörnern in reichlich Salzwasser kochen, bis es weich ist. Anschließend die Haut entfernen, das Fleisch von den Knochen ablösen und in mundgerechte Stücke schneiden. In einem Topf Butter zerlassen, Mehl zugeben und eine Mehlschwitze glattrühren. Kellenweise die heiße Hühnerbrühe zugeben. Nach jeder Kelle die Sauce glattrühren, damit sich keine Klümpchen bilden. Wenn die Soße dickflüssig ist, schmeckt man sie ab und gibt Hühnerfleisch und Petersilie hinzu.

Die Knödel: Pro Person rechnet man 2 Knödel, pro Knödel etwa $1^{1}/_{2}$ - 2 Brötchen. Diese etwa 1 Stunde in warmen Wasser einweichen, dann das Wasser herausdrücken und mit Muskatnuß und 1 - 2 Eiern eine Kloßmasse kneten. Daraus die Knödel formen und in kochendes Salzwasser legen. Man läßt sie in siedendem Wasser ziehen, bis sie oben schwimmen.

Man kann auch statt der Petersilie Zitronensaft in die Sauce geben und erhält ein Hühnerfrikassee zu Reis und jungen Erbsen.

Annett Albrecht, Rötha

Gesottenes Entenkeulchen in Zitronenmelisse mit gefüllten Kartoffeln

Zutaten für die Entenkeulchen:
4 Entenkeulen a ca. 180 g
weißer Pfeffer, Salz
40 g Bratenfett oder Öl
100 g weißes Wurzelwerk (Sellerie, Zwiebeln, Kohlrabi)
1 Bund Zitronenmelisse
1 Lorbeerblatt
3 - 4 Pimentkörner
3 Wacholderbeeren
0,3 l Weißwein
0,5 l Geflügelbrühe
50 g Butter

für die gefüllten Kartoffeln:
4 mittelgroße festkochende Kartoffeln
4 Lauchzwiebeln
Kümmel, weißer Pfeffer, Salz
1 Möhre
40 g Reibekäse
$1/2$ Bund Schnittlauch
40 g Butter

Die Entenkeulen kurz abwaschen (auf Kiele achten), abtupfen und mit Salz und Pfeffer würzen. Fett im Schmor- oder Schnellkochtopf erhitzen. Die Entenkeulen hell anbraten, aus dem Fett nehmen, danach das Wurzelgemüse hell anschwitzen, mit Weißwein ablöschen und mit Brühe auffüllen. Die Entenkeulen, Gewürze und Zitronenmelisse dazugeben. Gargefäß verschließen und ca. 20 Minuten (Schnellkochtopf) bzw. 70 Minuten (Schmortopf) garen lassen, bis die Keulen weich sind. Keulen warm stellen, den Fond durch ein Sieb passieren, mit Butter aufmixen und abschmecken.
Die Entenkeulchen auf vorgewärmten Tellern anrichten, mit Soße übergießen und mit Zitronenmelisse garnieren.

Die Kartoffeln mit Kümmel als Pellkartoffeln kochen, pellen und halbieren, mit einem Teelöffel aushöhlen. Zwiebeln und Möhren in feine Streifen schneiden und dünsten. Reibekäse und Schnittlauch dazugeben, mit Salz und Pfeffer abschmecken. Die Masse in die Kartoffelhälften füllen und in der Röhre bei 170° ca. 10 Minuten überbacken.
Zu diesem Gericht reicht man Rohkostsalat.

Kurt Hensch, Leipzig-Knauthain

Lammkeule im Kräutermantel

Zutaten *1,5 kg Lammkeule*
*je 1 TL Majoran, Thymian, Rosmarin, Kerbel,
gemahlenen Kümmel, Basilikum, Estragon und
Sellerielaub
je $^1/_2$ TL Dill, Beifuß und scharfen Paprika
4 Knoblauchzehen
Öl
Salz
$^1/_8$ l saure Sahne
$^1/_4$ l Fleischbrühe*

Die Keule säubern, abtrocknen und mit Knoblauch spicken, dann mit Öl einreiben und mit den gemischten Kräutern panieren. 24 Stunden kühl stellen.
In einem Bräter etwas Öl erhitzen und die in den Gewürzen panierte Keule rundum anbraten. Langsam die Fleischbrühe und in Streifen geschnittene Zwiebeln zugeben. Die Keule ca. 1$^1/_2$ Stunden schmoren, dabei immer wieder mit dem Bratenfond übergießen. Zum Schluß die Keule warmstellen, den Bratenfond mit Sahne binden und abschmecken.
Dazu reicht man grüne Bohnen.

Peter Schmidt, Böhlitz-Ehrenberg

Zibbel-Klump

für 4 Personen

Zutaten 750 g Hammelfleisch (Keule oder Schulter)
750 g Zwiebeln
75 g Margarine
2 EL Mehl
1/2 EL gekörnte Brühe
Pfeffer, Salz
Knoblauch, Kümmel, Kräuter

Fleisch und Zwiebel in große Würfel schneiden und mit soviel Wasser ansetzen, daß alles bedeckt ist. Mit etwas Salz, Pfeffer, gehacktem Kümmel, 2 - 3 klein geschnittenen Knoblauchzehen und gekörnter Brühe würzen. Bei kleiner Flamme garen.
Dazu reicht man Kartoffelklöße oder grüne Klöße, Selleriesalat, rote Bete oder saure Gurken.

Monika Hölzel, Rackwitz

Schöpsfleisch mit Zwiebeln und grünen Klößen

für 4 Personen

Zutaten *1 kg Hammelfleisch (Hammelkochfleisch oder ein Rippenstück mit viel Fleisch oder Hammelkeulenfleisch)*
1 Pfund Hammelknochen für die Brühe
Zwiebeln
Salz

nach Wunsch:
8 - 12 Pfefferkörner
durchgepreßte Knoblauchzehen
im Mörser gestoßener Kümmel, Lorbeerblatt

1. Variante: Knochen abspülen, in gesalzenem Wasser ansetzen, bis zum Aufschäumen kochen, dann bei kleiner Flamme ca. 1 - 1$^{1}/_{2}$ Stunden köcheln lassen, so daß eine kräftige Brühe entsteht. Die Knochen müssen immer mit Wasser bedeckt sein, also notfalls Wasser auffüllen. Die Brühe durch ein feines Sieb abseihen.
Das Hammelfleisch von Häuten, Fett und Talg befreien, in kleine Stücke schneiden, in die Brühe geben. Dann eine reichliche Schicht grob gewürfelte Zwiebeln zugeben. Eventuell Wasser auffüllen, damit immer alles bedeckt ist. Das Fleisch solange kochen, bis es ganz mürbe geworden ist und die Zwiebeln fast zerkocht sind.
2. Variante: Man verzichtet auf die Brühe aus Hammelknochen, brät das Fleisch rundum scharf und kräftig an und löscht das Fleisch mit leicht gesalzenem heißem Wasser ab.
Das Gericht kann auch am Vortag zubereitet, am nächsten Tag mit frischen Zwiebelscheiben erneut durchgekocht werden und entfaltet dann den vollen Geschmack.
Dazu schmecken Grüne Klöße, Salat und ein nicht zu trockener Weißwein oder Bier.

Thorsten Plate, Leipzig-Mitte

Knuspriges Eisentopfbrot von der Oma mit grünen Knöpfen

Zutaten für das Eisentopfbrot:
1 kg *Schweinekamm*
6 *Zwiebeln*
3 *Tomaten*
$^1/_8$ *l Portugieser Rotwein*
$^1/_8$ *l Rinderfond*
30 g *Butter*
3 *Knoblauchzehen*
2 *EL Weckmehl*
1 *EL Creme fraiche*
1 *Ei*
150 g *mittelalter Gouda*
1 *EL gehackte Kräuter*
Pfeffer, Salz

für die grünen Knöpfe:
1 *Pfund Spinat*
1 *große Zwiebel*
1 *EL Butter*
1 *Pfund Weckmehl*
2 *Eier*
je 1 EL Petersilie, Schnittlauch, Mehl und Schmalz
Fleischbrühe

Eisentopfbrot: Schweinekamm abwaschen, abtrocknen und mit Salz und Pfeffer einreiben, dann gut anbraten. 3 Zwiebeln und die Tomaten enthäuten, würfeln und zum Fleisch geben. Dann den Rinderfond und den Rotwein zugeben. Den Schweinekamm im Backofen bei 200° ca. $1^1/_2$ Stunden braten. Dabei ab und zu mit Bratenfond begießen.
Die anderen 3 Zwiebeln in Streifen schneiden und in Butter glasig dünsten, dann im Mixer pürieren. Dies mit den durchgepreßten Knoblauchzehen, dem Weckmehl, der Creme fraiche, dem Ei, dem

geriebenen Gouda und den gehackten Küchenkräutern zu einer Paste verrühren.

15 Minuten vor Beendigung der Garzeit wird die Paste auf das Fleisch gestrichen und alles ohne Deckel weiter gebraten. Das Fleisch zum Schluß herausnehmen, den Bratenfond durch ein Sieb streichen und abschmecken.

Zum Eisentopfbrot ist man grüne Knöpfe und Rotkraut, man trinkt Portugieser Rotwein.

Grüne Knöpfe: Den Spinat und die Zwiebel ganz fein hacken und in der Butter 5 Minuten dämpfen. Nach dem Auskühlen das Weckmehl, die Eier, den Schnittlauch, den EL Mehl und das Schmalz gut verkneten, 1 Stunde ruhen lassen.

Mit nassen Händen etwa eiergroße Knöpfe formen und in sehr heißer Fleischbrühe ca. 10 Minuten ziehen lassen.

Die grünen Knöpfe passen auch zu Schweine- oder Rinderbraten und Bratwurst, auch mit Meerrettichsoße.

Wolfgang Hornung, Leipzig-Grünau

Fischauflauf mit saurer Sahne

Zutaten *Fischfilet (pro Person eine Scheibe)*
Zitronensaft
Speck
Zwiebel
saure Sahne
milder, geriebener Käse
Butter
Salz

Die Fischfilets mit Zitronensaft beträufeln, in eine feuerfeste Form legen. Darüber ausgelassene Speckwürfel, zartgebräunte Zwiebelwürfel und etwas Salz geben. Danach mit gequirlter saurer Sahne begießen, mit dem geriebenen Käse bestreuen, eventuell einige Butterflocken obenauf legen. Dann wird der Fisch bei mittlerer Hitze in der Bratröhre überbacken, bis er goldgelb ist. Mit Kartoffeln und frischem Salat servieren.

Maria Schmidt, Mölkau

Katfischfilet unter Kräuter-Käsekruste

für 4 Personen

Zutaten 600 g Katfisch (jedes andere Fischfilet ist möglich, z.b. Scholle oder Zander)
200 g Gemüsefenchel, fein geschnitten
150 g Möhren, fein geschnitten
100 g Bleichsellerie, feingeschnitten
2 Eier
150 g geriebener Emmentaler
60 g gemischte Kräuter der Jahreszeit
50g Pflanzenöl
Pfeffer, Salz, Zitrone
evtl. Weißwein
300 g Langkornreis
Zwiebeln
30 g Öl
1 l Brühe

Fischfilets abspülen, trockentupfen und mit Zitrone marinieren. Das geschnittene Gemüse in der Pfanne kurz andünsten, würzen und in eine Auflaufform geben. Obenauf das gewürzte Fischfilet legen.
Aus den gehackten Kräutern, dem geriebenen Käse und den Eiern eine Mischung herstellen und das Fischfilet damit abdecken. Die Form in der vorgeheizten Backröhre ca. 20 Minuten garen.
Den Fisch in der Auflaufform servieren und portionieren. Als Garnitur kann man Zitrone und Dillzweige verwenden.
Dazu reicht man Rissotto oder Butterreis sowie frischen Salat der Jahreszeit.

Kurt Hensch, Leipzig-Knauthain

Gemüse-Fischpfanne mit Kartoffeldecke

für 4 Personen

Zutaten 500 g frisches verschiedenes Gemüse je nach Saison (z.b. Sellerie, Möhren, Lauch, Frühlingszwiebeln, Kohlrabi)
1^1/$_2$ Bund Petersilie
50 g Butter
600 g Fischfilet nach Wahl
800 g geschälte Kartoffeln
6 EL Mehl
2 Eier
1 kleine Zwiebel
Pfeffer, Salz, Zucker
Fischgewürz

Zuerst die Fischfilets waschen, trocken tupfen und marinieren. Dazu gibt es im Handel fertiges Gewürz. Man kann auch Worcestersoße, Zitronensaft, Salz und Kräuter verwenden.
Die Gemüse putzen, waschen und in feine Streifen schneiden. Die geschälten Kartoffeln reiben, etwas Flüssigkeit abschöpfen und Eier, Mehl, kleine Zwiebelwürfel und etwas Salz zugeben. Alles zu einer Kartoffelpuffermasse gut vermengen.
Eine Auflaufform mit 10 g Butter ausstreichen, 40 g Butter erhitzen, darin das Fischfilet kurz anbraten und in die Mitte der Form legen. In der heißen Bratenbutter die Gemüsestreifen kurz anschwenken, mit Salz, Pfeffer, Zucker und gehackter Petersilie abschmecken.
Über die gesamte Oberfläche die Kartoffelpuffermasse verteilen, so daß alles gleichmäßig bedeckt ist, dann im vorgeheizten Ofen bei 180° ca. 25 Minuten backen. Dabei gart die Kartoffelmasse, wölbt sich nach oben, wird goldgelb und die Fisch-Gemüse-Füllung schmort saftig. Unbedingt in der Form servieren!

Klaus Haustein, Restaurant „Am Ratsholz" Leipzig-Großzschocher

Gebackener Festtagskarpfen mit Sahne-Apfel-Meerrettich

für 4 Personen,
besonders für Weihnachten oder Neujahr

Zutaten für den Karpfen:
1 Karpfen (reichlich 2 kg)
200 g Butter
2 Zitronen
Paprika, Salz
frisch gehackte Petersilie

für den Meerrettich:
150 - 200 g Schlagsahne (mindestens 30%)
geschälte, geriebene Äpfel
frisch geriebener Meerrettich

Karpfen: Den geschlachteten, ausgenommenen und halbierten Karpfen von allen Schuppen befreien, die Flossen und der Schwanz abtrennen. Die Karpfenhälften gründlich waschen, abtrocknen und nochmals teilen.
Die 4 Karpfenportionen mit Zitronensaft beträufeln, mit einer Mischung aus Rosenpaprika und Salz würzen. Dann eine Bratpfanne mit Butter dick einfetten, die Karpfenstücke mit der Hautseite nach oben hineinlegen (evtl. vorhandene Karpfenmilch ebenfalls würzen und hineinlegen). Dann die restlichen $1^1/_2$ Zitronen in dicke Scheiben schneiden, von Kernen befreien und gleichmäßig über die Fischstücke verteilen. Bei mittlerer Hitze ca. 50 Minuten garen, bis die Zitronenscheiben eine leichte braune Färbung annehmen.
Dazu reicht man Salzkartoffeln mit viel Petersilie und Apfel-Sahne-Meerretich, den man wie folgt herstellt:

Sahne-Apfel-Meerrettich: Die Schlagsahne festschlagen und teilen. Einen Teil mit geriebenen Äpfeln, den anderen Teil mit Meerrettich verfeinern.

Sigrid Petzold, Leipzig-Mockau

Sächsische Karpfenmahlzeit mit Klößen

für 4 Personen

Zutaten *4 Stück Karpfen je 250 g*
80 g Butter
1 große Zwiebel
100 g Knollensellerie
40 g Mehl
50 g Fischkuchen
0,4 l Bier
Salz, Pfeffer, Zucker
Zitronensaft

Die Karpfenstücke putzen und säubern, die Zwiebel und den Knollensellerie würfeln, den Fischkuchen reiben. Die Fischstücke salzen und pfeffern, in 40 g heißer Butter beidseitig anbraten. In die Pfanne dann Sellerie und Zwiebel geben und mit anrösten, mit Bier ablöschen und zugedeckt weich schmoren. Danach den Karpfensud in eine Schüssel abgießen, den geriebenen Fischkuchen einrieseln lassen und umrühren. Von der restlichen Butter und dem Mehl eine helle Mehlschwitze anfertigen und damit den Karpfensud andicken, zuletzt mit Salz, Pfeffer, Zucker und Zitronensaft würzen.
Die Karpfenstücke anrichten, mit der Biersauce bedecken, dazu Thüringer Klöße servieren.

Walpurga Bratus, Leipzig-Anger-Crottendorf

Kültschauer Hecht
mit Reibekäse und Zwiebel

Zutaten *1 großer Hecht (2 - 3 kg)*
3 mittelgroße Zwiebeln
100 g Butter
1 EL Mehl
¼ l saure Sahne
geriebener Käse
Pfeffer, Salz

Den Hecht säubern, den Rücken der Länge nach aufschneiden, die Mittelgräte entfernen und das Fleisch in Stücke schneiden, die mit Salz und Pfeffer gewürzt werden. Die Butter in der Pfanne zerlassen, darin die gewiegten Zwiebeln und die Fischstücke weich dämpfen, dann die Fischstücke herausnehmen. In der Sauce einen EL Mehl bräunen, unter ständigem Rühren die saure Sahne zugeben, die Pfanne an den Herdrand stellen. Die Fischstücke entgräten und in Reibekäse wenden. In eine mit Butter ausgefettete Pfanne füllt man etwas Sauce, legt die Fischstücke hinein, bedeckt sie mit der restlichen Sauce und streut reichlich Reibekäse darüber. Dann bäckt man den Hecht bei 200° ca. 15 Minuten in der Röhre.

Lothar Richter, Eilenburg

Fischtopf

Zutaten *Kabeljau- oder Schellfischfilets*
Kartoffeln
1 Pfund Weißkohl
Butter

Das Fleisch waschen, in etwa gleich große Stücke pflücken, zur Seite stellen. Kartoffeln schälen, Weißkohl kleinschneiden, eine feuerfeste Form ausbuttern und wie folgt füllen: unten eine Lage Kartoffelstücken, dann eine Lage Fisch, dann eine Lage Weißkohl, dann wieder Kartoffeln usw., die letzte Lage ist Fisch. $^1/_8$ Pfund Butter wird in Flocken darüber verteilt, das Gericht ca. 45 Minuten in der Röhre gegart.

Gisela Kuntze, Delitzsch

GEMÜSE UND FLEISCHLOSE GERICHTE

Leipziger Allerlei

für etwa 10 Personen

Zutaten *Schoten*
Möhren
Kohlrabi
Blumenkohl
Spargel
Butter
Mehl
Zucker, Salz, Muskat
Fleischbrühe
30 Krebse
4 Eier
Zitronenschale
geriebene Semmel
Morcheln

Diese Speise ist am vorzüglichsten im Frühjahr, wenn man alle dazu nötigen Gemüse jung und zart haben kann. Man wäscht einen Teller Schotenkörner, ebensoviel fein geschnittene Möhren und Kohlrabi, tut jedes für sich mit 65 g Butter, 1 TL Zucker und 1 EL Wasser in eine Kasserolle und läßt es weich dünsten. 1 Suppenteller sauber geputzten Blumenkohl läßt man in halb Wasser halb Milch und etwas Salz und Butter ebenfalls weich kochen, sorgt aber, daß er schön ganz bleibt und läßt ihn dann ablaufen. Guten zarten Spargel putzt und schneidet man, brüht ihn dann einigemale und kocht ihn mit Fleischbrühe weich. Indessen hat man 30 Stück Krebse gesotten, bricht sie aus und putzt die Nasen ganz sauber, die Schwänze werden ebenfalls sorgfältig ausgebrochen und nebst den Nasen einstweilen beiseite gelegt.
Die Schallen der Krebse (mit Ausnahme der Leiber) werden ge-

stoßen und mit einem reichlichen Stück Butter in einer Kasserolle geschmort, bis die Butter steigt. Dann gießt man durch ein Sieb etwas davon auf die ausgebrochenen Krebsschwänze. In die übrige Butter in der Kasserolle gibt man 2 EL feines Mehl. läßt es einige Minuten dünsten, gibt die Leiber der Krebse hinein, füllt mit Fleischbrühe auf, läßt es langsam kochen, streicht es durch ein Sieb und fügt sämtliche vorbereitete Gemüse hinein. Man schmeckt mit Salz und Zucker ab und stellt die Kasserolle auf eine heiße Stelle, ohne jedoch umzurühren, damit alle Gemüse ganz bleiben.

Von 100 g zu Schaum gerührter Butter, 4 Eidotter, dem Schnee von 4 Eiern, ein wenig Zitronenschale, Muskat und geriebene und durchgesiebte Semmel macht man einen Teig, der mehr weich als fest ist, füllt mit einem Teil die Krebsnasen und bäckt sie in Butter hellbraun. Von dem anderen Teil macht man kleine Klößchen und kocht sie in Fleischbrühe. Auch nimmt man zwei Hände voll frischer Morcheln, reinigt, bricht sie und läßt sie in steigender Butter weich dünsten.

Hierauf richtet man das Allerlei an, belegt die Schüssel am Rande mit den Krebsnasen und in die Mitte die Morcheln, Klößchen und Krebsschwänze so zierlich wie möglich und begießt sie mit der Krebsbutter, in der die Schwänze lagen. Zu diesem Allerlei gibt man Huhn, Rindfleisch, Rindszunge, Koteletts oder gebackene Kalbsmilch.

K. Fröhlich, Leipzig-Mitte

Brokkoli mit Mandelbutter

Zutaten 1,25 kg Brokkoli
100 g Butter
75 g Mandelblättchen
Salz, Zucker

Den Brokkoli putzen, waschen und in Salzwasser mit etwas Zucker 5 - 6 Minuten garen, dann abtropfen lassen.
Die Butter in einer Pfanne hellgolden werden lassen. Die Mandelblättchen darin schwenken und mit der Butter über den Brokkoli gießen.

Kerstin Stenzel, Leipzig-Grünau

Rotkohl

für 4 - 6 Personen

Zutaten 1 kg frischen Rotkohl
1 Apfel (250 g)
Saft einer halben Zitrone
3 EL Zucker
8 EL Rotweinessig
150 g Zwiebeln
50 g Butter
2 EL schwarzes Johannisbeergelee
1 - 2 Zimtstangen
$1/4$ l kräftiger Spätburgunder Rotwein
Salz

Den Rotkohl putzen und in feine Scheiben schneiden. Den geschälten, entkernten Apfel grob stifteln und mit dem Rotkohl, dem Zitronensaft, 6 EL Essig, einer Prise Salz und 2 EL Zucker mischen. Alles zugedeckt 24 Stunden kühl stellen und ziehen lassen. Am nächsten Tag geschälte Zwiebel in feine Streifen schneiden, die Butter im Topf zergehen lassen. Einen EL Zucker darin karamelisieren, mit 2 EL Essig ablöschen und die Zwiebelstreifen darin andünsten. Dann den marinierten Rotkohl, Johannisbeergelee, Zimt und Rotwein dazugeben und im geschlossenen Topf im Backofen bei 175° (Gas Stufe 2) $1^{1}/_{2}$ Stunden garen.
Vor dem Servieren die Zimtstangen entfernen.

Wolfgang Hornung, Leipzig-Grünau

Jägerkohl

Zutaten *Rotkohl*
Weißkohl
Speck
Essig, Sirup oder Zucker
Pfeffer, Maggiwürze

Speck in Würfel schneiden, auslassen, die Grieben aus dem Fett nehmen und zur Seite stellen. In dem Fett das Mehl anbräunen, dann die Einbrenne mit 2 EL heißem Wasser, etwas Essig und Sirup oder mit braungerösteten Zucker verkochen, die Grieben wieder hineingeben und die Soße warm stellen.
Währenddessen Rot und Weißkohl (jeweils die gleiche Menge) putzen, dann in die Specksoße geben, langsam unter gelegentlichem Umrühren weichkochen und mit Pfeffer, Essig und Maggi würzen. Der Kohl darf nicht zu lange Brühe haben.
Dazu ißt man Bratwürste und Salzkartoffeln.

Marion Stober, Bad Lausick

Gefüllte Zuchini

Zutaten *Zuchini*
Schinkenscheiben
Gehacktes
Zwiebeln
Tomaten
saure Sahne
Dill

Geschälte, längs halbierte Zuchini ausschaben und mit fein geschnittenem Dill ausstreuen. Dünne Scheiben Schinkenspeck einlegen und darauf nach eigenem Geschmack angerichtetes Gehacktes füllen.

In eine Auflaufform Speck mit Zwiebeln auslassen, die vorbereiteten Zuchinihälften einlegen, dick mit Tomatenscheiben belegen und mit saurer Sahne übergießen.

Das Ganze im Herd ca. $^1/_2$ Stunde bei 250° dünsten, bis die Zuchini weich ist. Sollten dabei die Tomatenscheiben braun werden, die Pfanne zudecken.

Man kann die Zuchini auch mit Käse überbacken. Dazu reicht man Toast, Kartoffeln oder Reis.

Helga Fritz, Leipzig-Kleinzschocher

Gefüllter Kohlrabi mit Käse überbacken auf Kräutersahnesauce mit Toastherz

für 10 Personen

Zutaten *5 mittelgroße Kohlrabi*
250 g Schnittkäse
20 g Butter
0,2 l Sahne
1 Bund Petersilie oder Dill
10 Scheiben Toast
1 EL Mehl

für die Füllung:
400 g Gehacktes
2 Eier
4 Scheiben Toast
50 g Zwiebel
Pfeffer, Salz, Kümmel

Kohlrabi putzen, waschen und halbieren, dann aushöhlen. 5 Minuten in Salzwasser blanchieren. Mit den og. Zutaten die Hackmasse herstellen, die Kohlrabi füllen und mit Käse belegen, ca. 20 Minuten bei 160° im Ofen garen.
In der Zwischenzeit die Kohlrabischnitte pürieren, in Butter dünsten, mit 1 EL Mehl anstäuben, Kräuter und Sahne hinzugeben und mit Salz und Muskat abschmecken.
Auf dem Saucenspiegel wird der Kohlrabi angerichtet. Dazu reicht man ein Toastherz. Man kann auch als Beilage servieren: Tomatenreis, Risi-Pisi, Kartoffelbordüre u.a.

Frank Sauerstein, Leipzig-Gohlis

Eierfrikassee mit Reis

Zutaten 6 Eier
40 g Butter oder Margarine
1 Zwiebel
40 g Mehl
$1/4$ l Fleischbrühe
$1/4$ l Milch
Pfeffer, Salz
Saft einer halben Zitrone
300 g Spargelstücke (aus der Dose)
300 g Champignons (aus der Dose)
Reis

Eier hartkochen, abschrecken, schälen, abkühlen lassen und dann grob hacken.
Für die Sauce die Butter oder Margarine erhitzen. Die geschälte Zwiebel fein hacken und im heißen Fett andünsten. Mehl darüber stäuben und gut durchschwitzen lassen, dann Fleischbrühe und Milch zugeben und die Sauce ca. 7 Minuten kochen lassen. Mit Salz, Pfeffer und Zitronensaft abschmecken. Spargel und Pilze aus der Dose abtropfen lassen, mit den Eiwürfeln in die Sauce geben und heiß werden lassen.
Gleichzeitig den Reis kochen.

Werner Wende, Wurzen

Zwiebelgemüse – extrafein

Zutaten *400 g Zwiebeln*
80 g Butter
¹/₈ l Brühe
weißer Pfeffer, Salz
Kartoffelmehl
1 Eigelb
saure Sahne

Geschälte Zwiebeln in Scheiben schneiden. Die Butter zerlassen (nicht bräunen) und die Zwiebelscheiben darin dünsten, später die Brühe zugeben und mit einer Prise Salz zugedeckt die Zwiebeln weichdünsten. Danach mit in kaltem Wasser angerührtem Kartoffelmehl binden. Das Eigelb mit der sauren Sahne verrühren und unter das Gemüse geben.

Ursula Alex, Leipzig-Lößnig

KARTOFFELN, KLOSS UND MEHR

Überbackene Kartoffeln mit Kümmel und Käse

eine herzhafte Zwischenmahlzeit für 5 Personen

Zutaten *10 neue Kartoffeln mittlerer Größe*
150 g Zwiebelwürfel
75 g geräucherter, magerer, gewürfelter Speck
10 Scheibletten
Kümmel
1 TL Semmelmehl
Speiseöl
grobes Meersalz
Kräuter der Provence
Senfgurken
Hausmacher Leberwurst

Gut gereinigte Kartoffeln in reichlich Wasser unter Zugabe von Salz und Kümmel zu 80% fertig garen, abgießen, sehr gut abtropfen und dann abkühlen lassen. Die ungeschälten Kartoffeln mit Speiseöl einreiben, mit sehr viel grobem Meersalz und Kräutern der Provence würzen, so mariniert und abgedeckt 2 - 3 Tage kühl stellen. Dabei ab und an die Kartoffeln schwenken.
Die Speckwürfel in der Pfanne anbräunen, die Zwiebel hinzufügen, ebenfalls bräunen, dann erkalten lassen und mit dem Semmelmehl vermischen.
Die vorbereiteten Kartoffeln halbieren, auf ein Backblech setzen und auf die Hälften das Speck-Zwiebel-Gemisch verteilen. Auf jede Hälfte 5 Kümmelkerne streuen und eine halbe Scheiblette legen. Im vorgeheizten Herd ca. 14 - 18 Minuten bei 180° garen.
Auf einen Teller 3 Scheiben frische, grobe Leberwurst (50 - 60 g) und einige Scheiben Senfgurken in die Mitte legen, die gebackenen Kartoffelhälften (4 pro Person) darum gruppieren.

Eberhard Blüthner, Markkleeberg

Gefüllte Kräuterkartoffeln

Zutaten 4 große Kartoffeln
1 rote Zwiebel
2 EL flüssige Sahne (30%)
2 Eigelb
Semmelmehl
50 g Butter
50 g gehackte Kräuter (Majoran, Schnittlauch, Petersilie, Kerbel, Thymian, Estragon)

Die Kartoffeln schälen, längs halbieren, mit einem Löffel aushöhlen und bißfest kochen. Für die Füllung die Zwiebel würfeln, in Butter anschwitzen, die gehackten Kräuter zugeben und mit dem in Eigelb eingeweichten Semmelmehl vermischen. Diese Masse in die ausgehöhlten Kartoffeln geben und 15 Minuten bei 180° in der Backröhre garen.

Rudolf Müller, Restaurant „Apels Garten" Leipzig

Rauchemod

Zutaten *1,5 kg gekochte Kartoffeln*
75 g Leinöl
50 g Speck oder Butter
Salz

Pellkartoffeln kochen, pellen und auskühlen lassen, anschließend die Kartoffeln fein reiben und mit etwas Salz vermischen. In einer Pfanne das Öl erhitzen und den gewürfelten Speck (oder die Butter) auslassen. Dann die geriebene Kartoffelmasse ca. 1 cm dick in die Pfanne mit dem heißen Fett drücken und einseitig backen, bis eine schöne braune Kruste entstanden ist. Den Rauchemod mit der gebratenen Seite nach oben auf einen Teller stürzen und mit einigen Butter-Glöckchen garnieren.

Sieglinde Hardenberger, Leipzig-Großzschocher

Stärkgließ (Stärkeklöße)

Zutaten *½ l Milch*
250 g Kartoffelstärke
3 Eier
1 Prise Salz

Milch kochen. In die heiße Milch Stärke und die Eier rühren, bis der Teig dick ist. Fett in einem Tiegel erhitzen, den Teig löffelweise zugeben und auf beiden Seiten knusprig braun anbraten.
Man serviert sie mit Heidelbeer- oder Preiselbeerkompott und Milch oder Sahne.

Ulrike Müller, Leipzig-Grünau

Vogtländische Speckkartoffeln mit Bohnen-Gurkensalat

Zutaten *pro Person 4 - 5 mittelgroße, mehlig kochende Kartoffeln*
pro Person 50 - 75 g geräucherten Speck
Salz

Die Kartoffeln schälen, waschen und in Salzwasser solange kochen, bis sie fast zerfallen. Den Speck in Würfel schneiden und in der Pfanne zerlassen. Die Speckwürfel kroß rösten. Die fertigen Kartoffeln abgießen, Speckwürfel und Fett darüber geben, Deckel auflegen und alles durchschütteln, bis es gut vermischt ist.

Dazu paßt ein Bohnen-Gurkensalat, dessen Säure ein guter Kontrast zu den „mächtigen" Speckkartoffeln bildet.

Thorsten Plate, Leipzig-Mitte

Sächsische Wickelklöße

(in drei Varianten)

Variante I – als Beilage:

Zutaten *750 g Kartoffeln*
100 g Weizenmehl
50 g Kartoffelmehl
30 g Butter
30 g Semmelbrösel
Salz, Muskat, 1 Ei

Die gekochten, geriebenen Kartoffeln mit Mehl, Salz, Muskat 20 g Butter und dem gequirlten Ei zu Teig verarbeiten. Auf einem bemehlten Brett etwa $^1/_2$ cm dick ausrollen, mit der restlichen zerlassenen Butter bestreichen und mit Semmelbröseln bestreuen. Den Teig in handgroße Stücke schneiden, aufrollen und an den Enden fest zusammendrücken. In siedendes Salzwasser legen, 5 Minuten kochen und 10 - 15 Minuten ziehen lassen. Dazu schmeckt ein würziger Schweine- oder Rinderbraten besonders gut.

Jutta Dorn, Leipzig-Sellerhausen

Sächsische Wickelklöße

(in drei Varianten)

Variante II – als Beilage:

Zutaten 300 g Mehl
200 g geschälte, gekochte Pellkartoffeln
2 Eier
2 EL Wasser
100 g Butter
100 g geriebene Semmel
Salz

Aus Mehl, Salz, Eiern und Pellkartoffeln einen Teig kneten. Diesen ausrollen und in ca. 10 cm große Quadrate schneiden. Die Semmelbrösel in der Butter anrösten und auf den Teig verteilen, dann den Teig zusammenrollen und an den Seiten fest zusammendrücken. Die Klößchen in Salzwasser ca. 10 Minuten kochen.

Dagmar Müller, Leipzig-Paunsdorf

Sächsische Wickelklöße

(in drei Varianten)

Variante III – als Eintopf:

Zutaten

1 kg Rinderkochfleisch
Wurzelwerk
Salz
Lorbeerblatt
5 Pimentkörner
geriebene Semmel
Gemüse der Saison (Blumenkohl, Spargel, Pilze)
gehackte Petersilie

für den Teig:
Mehl
Margarine
Milch
3 - 4 Eier
Salz

Rinderkochfleisch mit viel Wurzelwerk, Salz, Lorbeerblatt, Pimentkörnern in Schnellkochtopf garen. Inzwischen einen Nudelteig herstellen. Einen Tiegel voll geriebene Semmel mit Margarine rösten. Den Nudelteig auf ein bemehltes Brett so groß und dünn wie möglich ausrollen, die geriebene Semmel darauf verteilen und aufrollen. Dann die Rolle in 10 - 12 cm große Stücke schneiden und diese oben und unten zusammenkneifen. Das Fleisch aus der Brühe nehmen und in Würfel schneiden.

Die Brühe ohne Wurzelwerk mit Gewürzen in einem großen Topf zum Kochen aufsetzen und das Gemüse hinzufügen. In der Brühe auch die Wickelklöße garkochen. Am Ende das Fleisch und viel Petersilie in die Brühe geben, die ganz grün aussehen sollte.

Helga Kunstmann, Leipzig-Portitz

Sächsischer Kartoffelkuchen

Zutaten für den Boden:
1,2 kg geschälte Kartoffeln
125 g Butter
100 g Mehl

für den Belag:
600 g rohe geriebene Kartoffeln
50 g mageren Speck
50 g Butter
50 g Zwiebelwürfel
250 g Creme fraiche
4 Eier
Salz, gemahlener Kümmel

Für den Boden die geschälten Kartoffeln wie Salzkartoffeln kochen, gut abgießen und abdämpfen, um sie anschließend durch eine Kartoffelpresse zu drücken. Die Masse etwas abkühlen lassen, die weiche Butter und das Mehl hinzufügen und einen Teig herstellen, der ausgerollt und auf ein gefettetes Ofenblech gelegt wird.

Für den Belag werden Butter und Speckwürfel bei mäßiger Hitze in einem Topf ausgebraten, die Zwiebelwürfel hinzugefügt und glasig geschwitzt. Jetzt kommt die geriebene Kartoffelmasse hinzu und wird durch stetes Rühren abgedämpft, bis sich die Masse vom Topfboden und Holzlöffel löst. Anschließend die Masse erkalten lassen, Creme fraiche und Eier unterrühren und mit Salz und Kümmel abschmecken.

Den Belag auf den Boden streichen und bei ca. 190° etwa 30 - 40 Minuten backen.

Bernd Weber, Leipzig-Schönau

Kuchen & süße Speisen

Vorspruch:

Ich habe den Sachsen nicht nur aufs Maul geschaut, sondern bin mit in de Glche gegangen. Auch Ihnen ist sicher bekannt, daß Sachsen fannaddsche Göche sinn, die for ihr Lähm gerne riehm, mährn und siehm, weil se gut und gerne essen.

Grimmaer Ameisenguchen

Ägse, wie das klingd! Was se drzu nähm verradn mer Ihn:

250 g Margarine oder Butter,
4 Eier,
200 g Zucker,
2 Vanillinzucker,
1 Tasse Kondensvollmilch,
250 g Mehl,
1 Backpulver,
1 Beutel Schokostreusel.

Forn Guß:
75 g Puderzucker,
3 EL Kakao,
30 g zerlassene Butter,
etwas heißes Wasser.

De Butter, de Hienereier – daß ja geener off de Idee gommd, mir nähm Ameiseneier –, dr Zugger, Vaniljezugger, 1 Dasse Gondensvollmilch, s Mähl, s Baggbulver un ä Beidel Schoggoschdreiseln wärd verriehrd. Ledzdere solln also sicher de Ameisen sinn.
Na, mah sähn! Denn nachm Nadurschudzgesedz derf mer gar keene Ameisen mähr zum Essen nähm. Ob se schmeggn oder nich is ne ganz andre Frache. Huuch, mich grabbelds glei! Ach so, da wärmer noch gar nich ze Änder.
Das verriehrde Gemisch gommd nu offs Bläch und wärd goldgelb gebaggn; da missense den Härd ähm ma off „goldgelb" schdelln. De Grimmaer gonndns nich genauer sachn. Wie lange dr Guchen

nu baggn soll? Der muß cärga 20 bis 25 Minudn baggn; off alle Fälle nich ausm Haus gehn bisser ferdsch is.

Den Guß folschendermaßen herschdelln: Buderzugger, Gaggau un Butter mit weenig heeßen Wasser leefch verriehrn und breedschreichen.

Wenn dr Guchen angeschniddn wärd, gommd de Iberraschung: de Schoggoschdreisel sähn aus wie Ameisen.

Rosemarie Anders, Leipzig-Stötteritz

Buttermilchplinsen

Zutaten
1 l Buttermilch
3 Eier
2 EL Zucker
500 g Mehl
1 TL Backpulver
2 EL Butter
Fett
etwas Salz

Die Buttermilch mit Mehl, Zucker, Eigelb, Backpulver verquirlen und zuletzt aus dem Eiweiß einen Eischnee schlagen und unterheben. In einer heißen Pfanne Fett auslassen. Eine Kelle Teig in die Pfanne geben und die Plinsen auf beiden Seiten goldbraun backen. Anschließend mit Butter bestreichen, mit Zucker bestreuen und servieren.

Iris Wachhoy, Leipzig-Connewitz

Heidelbeergötzen

ein schnelles Gericht als Nachtisch oder zum Kaffee

Zutaten *Mehl*
Eier
Milch und Eiswasser zu gleichen Teilen
eine Prise Salz
Heidelbeeren
Öl

Eierkuchenteig nach gewöhnlichem Rezept herstellen und in einen mit Öl gefetteten Tiegel geben. Die gewaschenen und abgetropften Heidelbeeren auf dem Teig verteilen und das Ganze anschließend ca. 10 Minuten bei mittlerer Hitze backen. Zum Schluß zuckern. Man kann auch rote Johannisbeeren oder Kirschen verwenden.

Christine Karte, Böhlitz-Ehrenberg

Sächsische Pfannkuchen

Zutaten für den Teig:
3 l Mehl
8 Eigelb
250 g Butter
65 g klarer Zucker
125 g süße Mandeln
50 g bittere Mandeln
³/₄ l Milch oder Sahne
Muskat
2 EL Rum
eine Prise Salz
90 g Hefe

Butter oder Schmalz
Eingemachtes (Marmelade oder Konfitüre nach Wahl)

Die Mandeln mit etwas Butter im Mörser fein stoßen. Dann aus den og. Zutaten einen Teig herstellen, auf ein bemehltes Brett geben und einen lockeren Brotlaib daraus formen. Den Laib an einen warmen Ort stellen und gehen lassen. Den gut aufgegangenen Brotlaib in 6 - 8 Brötchen teilen, wieder auswirken und wieder gehen lassen: Danach formt man aus den Brötchen einen Kuchen, gibt auf eine Hälfte des Kuchens einen Teelöffel Eingemachtes und schlägt die andere Hälfte des Kuchens darüber zu. Daraus sticht man mit einem Ausheber die Pfannkuchen, läßt sie auf einem mit Mehl bestäubten Küchenbrett nochmals 15 Minuten gehen, erhitzt Butter oder Schmalz in der Pfanne und bäckt darin die Pfannkuchen aus.

K. Fröhlich, Leipzig-Mitte

Sächsische Quarkkeulchen

Zutaten *300 g Kartoffeln*
250 g Quark
100 g Mehl
100 g Zucker
1 Ei
Salz
Rosinen
Öl zum Braten

Kartoffeln kochen, pellen und durch eine Presse drücken. Wenn sie kalt sind, mit den übrigen Zutaten zu einem Teig verarbeiten und ca. 10 - 12 flache Quarkkeulchen formen, die in heißem Öl auf beiden Seiten goldgelb ausgebacken werden.
Dazu schmeckt Apfelmus besonders gut.

Jutta Dorn, Leipzig-Sellerhausen

Spritzkuchen nach Uromas Art

ca. 12 Stück für 4 Personen

Zutaten für den Teig:
130 g Mehl
80 g Margarine
5 Eier
½ Päckchen Vanillezucker
1 Prise Salz
¼ l Wasser

Puderzucker
Zitronensaft
Backfett

Brandteig herstellen: Wasser mit Margarine, Salz und Vanillezucker zum Kochen bringen. Darauf das gesiebte Mehl geben und gut unterrühren. Die Masse auf kleiner Flamme abbrennen, bis sie sich vom Topfboden löst. Vom Herd nehmen, ein Ei in ein Schälchen schlagen und schnell in die heiße Masse rühren, bis sich ein homogener Teig gebildet hat. Ebenso mit den anderen Eiern verfahren. Der Teig nun in einen Spritzbeutel mit Sterntülle füllen und auf Pergamentpapier, das in heißes Backfett getaucht wurde, kreisförmig aufspritzen. Anschließend die Teigringe in heißem Fettbad (Frittüre, bei 250°) abbacken. Die Spritzkuchen im Backfett wenden, von beiden Seiten bräunen. Beim Eintauchen in das Fettbad löst sich sofort das Papier. Das Volumen der Teigringe verdoppelt sich.

Die Spritzkuchen auf einem Gitter gut abtropfen lassen und mit einem Zuckerguß aus Puderzucker und etwas Zitronensaft bestreichen.

Man kann auch die Teigmasse mit dem Teelöffel abstechen und ins Fett geben, wenn man keinen Spritzbeutel hat, und aus dem gleichen Teig auch Windbeutel machen, die man mit Schlagsahne oder Früchte füllt und einer Schokoladenglasur verziert.

Marc Petzold, Leipzig-Lößnig

Versteckter Streuselkuchen

Zutaten *Butter*
Puderzucker

für den Boden:
300 g Mehl
300 g Zucker
300 g Margarine
4 Eier
3 Päckchen Vanillezucker
½ Päckchen Backpulver

für die Streusel:
150 g Mehl
150 g Zucker
150 g Margarine
3 EL Kakao

Aus den og. Zutaten einen Teig herstellen, alles gut vermengen. Ebenso die Zutaten für die Streusel gut verkneten. Den Teig auf ein Backblech verstreichen, darüber die Streusel verteilen und den Kuchen ca. 20 Minuten auf Stufe 4 backen. Den noch heißen Kuchen mit Butter bestreichen und mit Puderzucker bestäuben.

Veronika Uhlitzsch, Leipzig-Stötteritz

Schlupfkuchen

Zutaten *1 kg feste, säuerliche Äpfel*
2 - 3 Eier
³/₄ Tasse Zucker
1 Tasse Mehl
1 gestrichenen TL Backpulver
6 EL Öl
2 Päckchen Vanillezucker
Butter
Zucker

Die Äpfel schälen und in grobe Stücke schneiden. Eier und Zucker cremig schlagen, das mit Backpulver gemischte Mehl vorsichtig unterrühren, dann das Öl kräftig unterschlagen. Die dickflüssige Masse in eine gefettete Springform schütten, mit Apfelstücken vollständig bedecken, darüber Vanillezucker streuen und den Kuchen im Ofen bei mittlerer Hitze ca. 45 Minuten backen. Wenn die zwischen den Apfelstücken hervorgeschlupften Teigspitzen goldbraun sind, ist der Kuchen fertig. Zum Schluß den warmen Kuchen mit zerlassener Butter beträufeln und mit Zucker bestäuben.

Hella Mucke, Leipzig-Connewitz

Sächsische Eierschecke

Zutaten *für den Boden:*
150 g Mehl
60 g Zucker
60 g Butter oder Margarine
1 Ei
½ TL Backpulver

für den Belag:
1 Pfund Quark
200 g Zucker
½ Päckchen Mandelpuddingpulver
1 Ei
Zitronensaft
Bittermandelaroma
1 Päckchen Vanillezucker

für den oberen Belag:
1 Päckchen Vanille- oder Sahnepudding
½ l Milch
Zucker
100 g Butter
100 g Margarine
4 Eier

Die og. Zutaten für den Boden zu einem Mürbeteig verarbeiten. Die Zutaten für den Belag zu einer Masse gut vermischen. Für den oberen Belag einen Vanille- oder Sahnepudding kochen, Butter und Margarine sowie 4 Eigelb dazugeben, die 4 Eiweiß zu einem Schnee schlagen und unterheben.
Dann die drei Schichten in eine Backform füllen und auf niedrigster Hitze ca. 1 ½ bis 2 Stunden backen.

Christel Hessel, Leipzig-Volkmarsdorf

Quark-Sahnetorte

Menge für eine Springform ⌀ 26 cm

Zutaten für den Boden:
200 g Mehl
75 g Margarine
75 g Zucker
1 Ei
1 TL Backpulver

für die Quarkmasse:
500 g Magerquark
150 g Zucker
2 Päckchen Vanillezucker
3 Eier (2 Eigelb und 1 ganzes Ei)
³/₄ Tasse Öl
knapp ¹/₂ l Milch
1 Päckchen Vanillepuddingpulver

zur Geschmacksverfeinerung:
1 EL in Scheiben geschnittene süße Mandeln
1 EL Rosinen
abgeriebene Zitronenschale
1 Prise Salz
Eischnee aus 2 Eiweiß und 2 EL Zucker

Aus den og. Zutaten einen Teigboden bereiten und in eine gefettete Springform geben. Darauf die Quarkmasse, die man aus den og. Zutaten herstellt und gut verrührt. Der Kuchen wird dann bei starker Hitze ca. ¹/₂ Stunde in der Backröhre gebacken.
Während dieser Zeit bereitet man den festgeschlagenen Schnee aus Eiweiß und Zucker, den man nach der angegebenen Backzeit auf den halbgaren Kuchen gibt. Den Kuchen bäckt man dann noch weitere 10 - 15 Minuten. Danach muß er bei geöffneter Röhre ca. 2 Stunden auskühlen, um schnittfest zu werden.

Sigrid Petzold, Leipzig-Mockau

Kirschpfanne

Zutaten *1 kg saure Kirschen*
250 g Mehl
250 g Zucker
½ l Milch
1 Päckchen Backpulver
3 Eier
6 Brötchen
Semmelmehl

Die Brötchen klein schneiden und in der Milch ca. ¾ Stunden einweichen. Zucker, Mehl, Eier und Backpulver zufügen und alles kräftig vermischen, dann die Kirschen unterrühren.
Die Masse in eine gefettete und mit Semmelmehl ausgebröselte Pfanne füllen und bei 180 - 200° etwa 1 Stunde backen.
Die Kirschpfanne kann man warm mit Vanillesoße oder auch kalt essen.

Brigitta Rösner, Leipzig-Connewitz

Oma Annas Birnenpfanne

Zutaten *Birnen*
10 Brötchen
2 EL Grieß
5 Eier
abgeriebene Zitronenschale
Zitronensaft
Butter
2 EL Zucker (nach Wunsch)

Die Brötchen über Nacht in Milch oder Wasser einlegen, dann ausdrücken und mit Grieß, Zitrone, Eigelb und dem zu Eischnee geschlagenem Eiweiß zu einem Teig vermischen. Die Birnen schälen und in gleichmäßige Spalten schneiden. Einen Teil des Teigs in eine gefettete Pfanne geben, die Birnenstücke gleichmäßig auflegen und alles mit Teig abdecken. Darauf gibt man Butterflocken. Dann bei mäßiger Hitze ca. 45 Minuten backen. Vor dem Servieren mit Zucker überstäuben.

Norma Reber, Leipzig-Mitte

Gefüllte Borsdorfer Äpfel

für 4 Personen

Zutaten *6 säuerliche Äpfel*
30 g Rosinen
30 g gehackte Mandeln
30 g Pistazien
50 g Butter
¼ l Weißwein
Zucker nach Geschmack
Ingwer oder Koriander nach Geschmack

Die Äpfel schälen und aushöhlen, dabei einen Deckel abschneiden. Kleingeschnittene Apfelstücke mit Rosinen, Mandeln, Pistazien, Ingwer oder Koriander in Butter anschwenken, die Masse in die Äpfel füllen und den Deckel aufsetzen.
In eine gebutterte Form geben, etwas Weißwein hinzufügen und in einer vorgeheizten Röhre etwa 10 - 15 Minuten garen.
Man kann die fertigen Äpfel auch zu Gänse- oder Entenbraten servieren.

Kurt Hensch, Leipzig-Knauthain

Reiskuchen á la Mendelssohn

Die Eßgewohnheiten Felix Mendelssohn Bartholdys (1809 - 1847), der von 1835 bis 1847 Gewandhauskapellmeister zu Leipzig war, hat sein Freund Ferdinand Hiller überliefert:
„Mendelssohn war schon als Kind an eine höchst einfache Lebensweise gewöhnt worden. Um 8 Uhr nahm er das Frühstück ein: Kaffee und Brot. Er machte sich kleine Brocken, wie er es von jeher gewohnt war. Butter mochte er nicht. Dagegen liebte er Reiskuchen über alles ..."

Zutaten *250 g Reis*
Milch
Zucker
5 Eier
gemahlene Mandeln
kleingehackte Walnüsse
Rosinen
Zitronensaft
geriebene Zitronenschale
Salz
Semmelkrumen
Butter
Schokolade (nach Wunsch)

Aus dem Reis mit Milch und einer Prise Salz einen körnigen Milchreis kochen und kalt werden lassen. Zucker, Zitronensaft und -schale, Rosinen, gemahlene Mandeln und Walnüsse hinzufügen, dann 5 Eigelb und das steifgeschlagene Eiweiß. Eine Form mit Butter ausstreichen, ganz dick mit Semmelkrumen bestreuen, den Teig einfüllen und alles ca. 1 Stunde durchbacken. Nach Wunsch kann man den Kuchen mit Schokoladenguß überziehen und mit frischem Obst dekorieren.

Brigitte Richter, Leipzig-Mitte

Sächsische Weihnachtsstolle

für 2 Stollen

Zutaten *1 kg Mehl*
120 g Hefe
$1/4$ l Milch
500 g Rosinen
400 g Zitronat
500 g Butter
375 g süße Mandeln
75 g bittere Mandeln
250 g Zucker
2 Päckchen Vanillezucker
Zitronenaroma
$1/8$ l Rum
Muskat
Salz

außerdem für den Überzug:
150 g Butter
5 EL Zucker
2 Päckchen Vanillezucker
200 g Puderzucker

Die Rosinen am Vortag sauber auslesen, waschen, eine Stunde in kaltes Wasser legen, dann gut abtropfen lassen, nach und nach mit Rum beträufeln. Dabei das Gefäß immer wieder zudecken.
Aus der zerbröckelten Hefe, ca. $1/4$ l lauwarmer Milch und dem gesiebten Mehl einen Vorteig bereiten, etwa 15 Minuten gehen lassen. Dann die Hälfte der Butter geschmeidig rühren, die zur Hälfte grobgeraspelten und zur Hälfte feingeriebenen süßen Mandeln, die feingeriebenen bitteren Mandeln, das gewürfelte Zitronat, Zucker und Vanillezucker, Zitronenaroma, etwas Salz und Muskat dazugeben und verkneten. Die vorbereiteten Rosinen mit der zweiten Hälfte der geschmeidigen Butter unter den Teig wirken.

Aus dem Teig zwei längliche ovale Stollen formen, in der Mitte längs etwas einkerben, auf ein leicht bemehltes Backblech legen, nochmals ca. 30 Minuten gehen lassen. Dann bei mittlerer Hitze backen. Wird die Hitze zu stark, deckt man den Stollen mit Alufolie oder Pergamentpapier ab.
Die Stollen abkühlen lassen und mit Butter einstreichen, mit Zucker und Vanillezucker bestreuen, nochmals mit zerlassener Butter beträufeln und mit Puderzucker bestäuben.

Stephanie Jurzok, Mark-Schönstädt

Grießtorte

Zutaten *1 Pfund Zucker*
½ Pfund Grieß
10 - 12 Eier
60 g süße Mandeln
einige bittere Mandeln
etwas geriebene Zitronenschale
Saft einer kleinen Zitrone

Zucker und Eigelb werden gut verrührt, dann die geriebenen Mandeln, der Grieß, die Zitrone dazugeben, zuletzt den steifgeschlagenen Eischnee unterheben. Man kann den Grieß auch mit Backpulver mischen. Der gut verrührte Teig wird in eine Springform gefüllt und eine reichliche Stunde gebacken. Die Torte muß im Ofen etwas abkühlen, dann nimmt man sie aus der Springform und überzieht sie mit Schokoladen- oder Zuckerguß.

Luise Hessel, Eilenburg

REZEPTVERZEICHNIS

B

Birnenpfanne nach Oma Anna **102**
Borsdorfer Äpfel, gefüllt **103**
Brokkoli mit Mandelbutter **73**
Bunter Salat **21**
Buttermilch-Dillsuppe **39**
Buttermilchplinsen **92**

D

Deftiger Krautsalat **18**

E

Eierfrikassee mit Reis **78**
Eiersalat, Frankenheimer Art **27**
Eierschecke, sächsisch **99**
Entenkeulchen, gesotten in Zitronenmelisse **55**
Entenleber, gebraten **49**

F

Feierwehrspalken (Möhreneintopf) **38**
Feldsalat mit weißen Nüssen **19**
Festtagskarpfen, gebacken, mit Sahne-Apfel-Meerrettich **66**
Fischauflauf mit saurer Sahne **63**
Fischtopf **69**
Fleischsalat nach Oma Lina **28**
Fliederbeerensuppe, sächsisch **41**

G

Gemüse-Fischpfanne mit Kartoffeldecke **65**
Gemüsebemme, gefüllt **11**

Grießtorte 107
Grimmaer Ameisenguchen 90
Grüne Knöpfe 60

H

Halbseidene Klöße 47
Hecht nach Kültschauer Art mit Reibekäse und Zwiebel 68
Heidelbeergötzen 93
Heringssalat 29
Herzhafter Kopfsalat 25
Holunderbeersuppe mit Eischneehäubchen 40

J

Jägerkohl 75

K

Kaninchenbraten nach Oma Elsa 46
Kaninchenmedaillons, gebraten, mit Holunder-Birnen-Sauce 45
Karotten-Süppchen nach feiner Art des Herrn Apel 33
Karpfenmahlzeit mit Klößen, sächsisch 67
Kartoffelkuchen, sächsisch 88
Kartoffeln, gefüllt 55
Kartoffeln, überbacken mit Kümmel und Käse 80
Kartoffelpuffer 49
Kartoffelsalat mit Rotwein 26
Kartoffelsuppe mit Selleriekraut 31
Käserolle 14
Katfischfilet unter Kräuter-Käsekruste 64
Kirschpfanne 101
Knuspriges Eisentopfbrot von der Oma 60
Kohlrabi, gefüllt, mit Käse überbacken auf Kräutersahnesauce mit Toastherz 77
Kräuterkartoffeln, gefüllt 81
Kürbissuppe mit Bröselklößchen 34

L

Lachsherings-Häckerle **13**
Lammkeule im Kräutermantel **57**
Leipziger Allerlei **71**
Leipziger Bärlauchsuppe **32**
Leipziger Piepen (saure Flecke) **35**
Leutzscher Kutschersteak **53**
Löwenzahnsalat **20**

M

Majoranwürzfleisch im Topf **44**

P

Petersilienhühnchen **54**
Pfannkuchen, sächsisch **94**
Pikantes Brot **12**
Porreesalat **25**
Porreesalat mit Ei **24**
Preiselbeerfleisch mit Speckkartoffeln **43**

Q

Quark-Sahnetorte **100**
Quarkkeulchen, sächsisch **95**

R

Rauchemod **82**
Reiskuchen á la Mendelssohn **104**
Rotkohl **74**

S

Salat von Sachsens Elbwiesen **22**
Sauerbraten, sächsisch **50**
Sauerkrautsuppe **37**
Schinkenspeise **15**

Schlupfkuchen **98**
Schöpsfleisch mit Zwiebeln und grünen Klößen **59**
Schwärtelbraten, sächsisch **52**
Schweinebauch in Biersauce **48**
Schweinsrouladen oder Schwalbennester **47**
Semmelknödel **54**
Soleier **9**
Speckkartoffeln, vogtländisch, mit Bohnen-Gurkensalat **84**
Spritzkuchen nach Uromas Art **96**
Stärkgließ (Stärkeklöße) **83**
Sülze **16**

T

Tomatenmousse **22**
Tomatenvinaigrette **23**

V

Versteckter Streuselkuchen **97**

W

Weihnachtsstolle, sächsisch **105**
Wickelklöße, sächsisch (in drei Varianten) **85 - 87**
Wickelnudeln in Gemüsebrühe **36**

Z

Zibbel-Klump **58**
Zuchini, gefüllt **76**
Zwiebelbemmchen, sächsisch **10**
Zwiebelgemüse – extrafein **79**

Energiespartip

Verzichten Sie aufs heiße Vorspiel!

Beim Braten oder Backen ist es oftmals unnötig, den Ofen vorzuheizen: Viele Gerichte garen genauso schnell, wenn sie in die kalte Röhre geschoben werden. Ein heißer Tip, mit dem Sie bis zu 20 % Strom oder Gas sparen können!

Energieberatungszentrum
Pfaffendorfer Str. 2   Tel.: 1 21-33 33
Montag bis Freitag   9.00 - 18.00 Uhr

Stadtwerke Leipzig
Mit Energie in die Zukunft.